작가, 일러스트레이터, 비정규직 예술노동자. 포항에서 태어나 청소년기 내내 쉬지 않고 다이어리를 썼다. 대학에서 신학과 문예창작학을 전공했다. 개인 홈페이지와 SNS를 오랫동안 운영하며 일상에서 포착해낸 아이러니와 유머, 소소한 깨달음이 담긴 일기와 작품들로 많은 사랑을 받아왔다.

지은 책으로 『이다의 허접질』, 『무삭제판 이다 플레이』, 『이다의 작게 걷기』, 『걸스 토크』, 『기억나니? 세기말 키드 1999』, 『이다의 자연 관찰 일기』, 『이다의 도시관찰일기』가 있으며, 100퍼센트 손으로 쓰고 그린 여행 노트 『내 손으로, 치앙마이』, 『내 손으로, 시베리아 횡단열차』 등 여행기를 꾸준히 펴내고 있다. 그림으로 일상과 여행을 기록하고 싶은 사람들을 위한 책 『끄적끄적 길드로잉』을 썼고, 다수의 드로잉 강좌와 도시·자연관찰에 관한 워크숍을 진행하고 있다. 일상적인 창작을 위한 데일리 뉴스레터 '일간 데일마감'을 제작해 주요 작가이자 편집장으로도 활동했다. 그림으로 할 수 있는 것을 모두 해보는 것이 소망이다.

홈페이지 2daplay.net   트위터(현 X) @2daplay   인스타그램 @2daplay

함께하지만 서로의 전부는 아닌, 딱 그만큼의 사이
초록친구

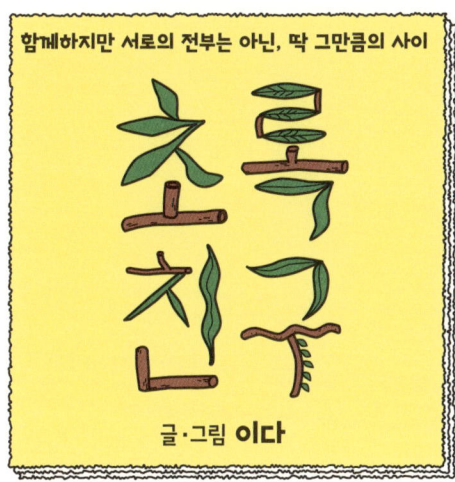

함께하지만 서로의 전부는 아닌, 딱 그만큼의 사이

초록친구

글·그림 **이다**

ViaBook Publisher

❖일러두기
작가 특유의 말투와 재미를 살리기 위해 의도적으로 맞춤법을 따르지 않은 부분이 있습니다.

프롤로그 : 함께하지만 서로의 전부는 아닌

나에게는 온몸이
초록색인 친구가 있다.

말도 없고
움직이지도 않지만

그들은 언제나
나와 함께 있다.

초록 친구는 많지만
모두가 다르다.

허약한
친구도 있고,

강인한
친구도 있다.

오래 사귄
친구도 있고,

잠시 스쳐간 친구도 있다.

나는 지금 65명의 초록친구와 함께다.

나는 동물은 키우지 않는다.
아니, 키우지 못한다.

물론 엄청 키우고 싶지...

동물을 키울 만큼의
책임감이 없기 때문이다.

누군가의 목숨이 십수 년간
나에게 달려있다니
상상만 해도 공포스럽다.

참고로 자식도 마찬가지...

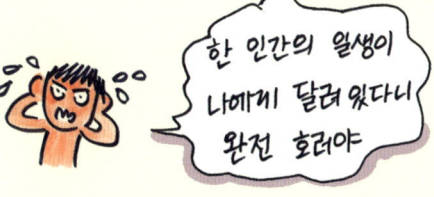

한 인간의 일생이 나에게 달려있다니 완전 호러야

(그래도 자식은 독립이라도 시킴)

그래서인지 동물을 떠맡는 꿈도 자주 꾼다.

꿈속에서 동물은
과장되게 약하거나
작게 나와서

물을 안 줘서 사망!

궁디로 깔아서 사망!

결국엔 다 죽고 만다.

웃긴 건 내가 식물을 죽이는 악몽은
전혀 안 꾼다는 거다.
두려운 일이 아니니까 말이다.

딱 까놓고 말해서
1살 고양이 한 마리의 죽음이
1년 산 동백 한 그루의 죽음과 똑같을 순 없다.

A 박쥐란, 야자, 고무나무, 여인초, 동백, 장미 등 화분 50개 사서 한 달만에 다 죽였어.

B 고양이 3마리 입양했는데 반년 만에 다 죽였어.

A와 B가 같을 수 있을까?

그래서 나는 동물을 사랑하지만 동물과 친구가 될 수는 없다.

내가 책임지는 생명을 친구라 부를 순 없어…

하지만 식물과는 함께 사는
친구가
될 수 있다.

사랑하지만 내가 모든 걸 책임지지는 않는 사이.

사랑하고
늘 함께하지만
서로가 서로의
전부는 아닌 사이.

멀어질 수도, 가까워질 수도
있는 '친구' 말이다.

 어쩌면 헤어질 수도 있지만,
그게 내 탓일 수도 있지만,

그 일로 다시 일어서지 못할
상처를 받지는 않을
사이 말이다.

 그런 나의 '초록친구'들을
앞으로 하나씩 소개해보려 한다.

그들을 하나하나 들여다보는 것은
나도 처음이다.

과연 어떤 이야기들이 있을까?

"개나 고양이 같은 동물은 안 키우세요?"

내가 자주 받는 질문이다.

나는 일러스트레이터이다. 사람들은 그림 그리는 사람과 고양이를 자연스럽게 연결한다. 실제로 많은 작가가 고양이를 키운다. 개나 새를 키우는 작가도 많다. 그 작가들이 작품 속에 자신의 반려동물을 등장시키는 것을 보면 샘이 나고 부럽다.

'나만 고양이, 개, 앵무새, 햄스터 없어…'

동물을 좋아하지 않는 것은 아니다. 아니, 너무 좋아해서 탈이다. 산책길에 만나는 개 한 마리 한 마리에 열광하며 뜨거운 눈빛을 보내고, 집 근처 길고양이들을 염탐한다. 머리 위를 날아가는 까마귀를 보면 '저 녀석과 친구가 될 수 있다면 내 인생의 모든 걸 바치겠어!'라고 맹세한다. 찬송가를 잘 부르는 앵무새 유튜브도 구독하고 있다.

하지만 내가 동물을 키우지는 않는다. 너무너무 키우고 싶지만 안 키운다. 앞으로 그럴 계획도 없다. 말로는 매일 "개 키우고 싶다", "고양이 키우고 싶다"라는 말을 입에 달고 살지만 입양을 적극적으로 알아보지도 않는다.

왜냐하면 나는 내가 책임감 없는 놈이라는 것을 너무 잘 알기 때문이다.

스무 살 때쯤, 대책 없이 고양이를 집에 들인 적이 있다(오래된 일이라 당시 정확한 상황은 기억나지 않음). 페르시아고양이를 키우는 동갑 남자애가 자기 고양이가 새끼를 많이 낳았다며 한 마리 주겠다고 한 것이다. 나는 처음에 거절했다. 하지만 당시 사귀던 남자친구가 자기 집에서 키우거나 다른 사람에게 입양시켜줄 테니 잠깐만 데리고 있어보라고 설득했다. 그래서 나는 구멍을 뚫은 종이박스에 들어 있는 까만 페르시아고양이를 받게 되었다.

새까만 페르시아고양이는 집에 온 첫날부터 내 뺨에 꾹꾹이를 했을 정도로 귀엽고 다정했다. 나는 고양이와

관련된 책도 읽었고 정보도 열심히 찾아봤다. 모래와 사료도 샀다. 하지만 고양이는 생각보다 손이 많이 갔다. 고양이 키우는 방법을 이론으로 안다고 해서 내가 잘 키울 수 있는 것도 아니었다.

특히 이 고양이는 황공하게도 흔치 않은 애교 고양이였다. 끝없이 자기를 봐주기를 원했다. 컴퓨터를 할 때면 책상에 올라와 계속 마우스를 건드리고, 자기 똥꼬를 내 얼굴에 들이댔다. 정말 좋아하는 사람에게만 이 행동을 한다는데, 나는 감사하기는커녕 피하기에 **바빴다**(참고로 페르시아고양이는 털이 길고 코가 납작해서 그루밍을 잘하지 못한다. 그래서 항상 똥꼬 주변에 똥을 묻히고 다닌다. 그래서 페르시아고양이를 키우는 사람들은 똥꼬 주변의 털을 잘라주거나 물티슈로 매번 닦아준다). 한번은 키보드 위에 앉은 고양이를 밀쳐낸 적도 있는데 그 상처받은 얼굴이 지워지지 않는다.

고양이는 혼자 잘 있는다던데 그렇지도 않았다. 내가 없으면 엄청 서럽게 울어 하숙집에 소문이 다 났다. 결국 고양이는 당시 남자친구 집으로 갔다가 다른 지인 집으로 가게 되었다. 그 집에서 새로운 이름도 생겼다.

이걸로 끝이 아니다. 2년 후엔 강아지를 맡게 되었다.

위의 상황과 정확하게 같은 경로였다. 그때 끝까지
거절했어야 했는데 또 "잠깐만 데리고 있어"라는 말에
넘어갔다. 넓고 아래로 쳐진 밤색 귀와 하얀 주둥이를
가진 강아지는 정말 너무 귀엽긴 했다. 내 손가락을 핥던
작은 혀가 아직도 기억에 생생하다.

강아지는 정말 끝없이 설쳤다. 한시도 나를 가만두지
않았다. 일할 때도 계속 관심을 바라 컴퓨터 아래에서
발을 현란하게 움직이며 놀아줘야 했다. 밤에는 침대
위에 올려줄 때까지 울었다(나중에 알고 보니 강아지는
그 유명한 비글이었다). 강아지는 귀엽고 사랑스러웠지만
혼자서 감당하기 너무 버거웠다. 결국 그 강아지도 당시
남자친구의 손에 의해 다른 집으로 갔다. 이후 다른
집에서도 정착하지 못하고 몇 군데를 더 거쳐 결국엔
시골로 갔다고 한다.

욕먹어도 싸다. 이 책을 펴자마자 나에게 정이
떨어졌다고 해도 이해한다. 나란 인간은 원래부터
자기밖에 모르는 놈일까? 아니면 처음부터 키우겠다고
마음을 먹고 키운 게 아니라 떠맡은 거라 그랬던 걸까?

이유가 무엇이든 간에 나는 책임감이 없었다. 내가

내키면 예뻐해주었고 내가 바쁠 때는 귀찮아했다. 이 두 사례를 통해 나는 생명을 책임질 책임감이 없다는 것을 뼈저리게 느꼈다. 그래서 다시는 동물을 키우지 않기로 했다.

이후로 나는 동물을 떠맡게 되는 악몽을 정말 자주 꾼다. 거의 일주일에 한두 번씩은 꾸는 것 같다. 동물을 맡을 때마다 나는 물을 안 주거나, 나의 무게로 찌그러뜨리거나, 잃어버린다. 그저께 밤에도 개를 키우다 잃어버리는 꿈을 꿨다. 며칠 전에는 햄스터를 맡았다가 몸으로 깔아뭉개는 꿈을 꿨다.

하지만 뭔가 키우고 돌보고 싶은 본능은 끈질겼다. 나는 이 욕구를 게임으로 풀었다. '심즈', '스타듀 밸리', '헤이데이' 등 뭔가 키우는 게임을 끝없이 했다. 그러다 20대 후반부터 식물을 키우기 시작했다. 아무것도 모르고 들인 거라 식물도 처음 키웠을 때는 계속 죽이기만 했다. 베란다에는 죽은 화분이 수두룩했다.

다행히 식물은 동물만큼 책임감을 요구하지 않았다. 동물은 가족이 되어야만 했지만 식물은 동거인 정도로 지낼 수 있었다. 내가 하는 건 때가 되면 물을 주고 환기를 시켜주는 정도였다. 움직이지도 않고 쓰다듬을 수도 없지만 오히려 그래서 계속 함께할 수 있었다.

개나 고양이를 키우며 그들이 소재가 되는 그림을 그리거나 만화를 만드는 이기적인 소망을 품었었다. 하지만 이제 나는 그럴 수 없다는 것을 안다. 대신 나와 함께하는 식물들을 소재로 만화를 그리고 글을 써보자. 그들이 조용히 나에게 전하는 기쁨에 집중해보는 거다.

마음이 든든하다. 나에겐 이제 초록친구가 있다.

차 례

프롤로그 함께하지만 서로의 전부는 아닌 • 6
식물 배치도 • 24
초록친구를 맞이하기 전 필요한 것 • 26

1부 · 거실과 베란다
식물의 언어를 이해할 수는 없어도

여인초처럼 다면적인 • 30

고구마는 빨건 친구 • 44

산세베리아 같은 놈 • 56

몬스테라처럼 열심히 사는 • 68

고무나무 같이 앞서 나가는 • 78

장미처럼 강인한 • 88

초록친구의 적 • 100

뿌리파리의 적 • 108

2부 · 부엌과 방
내 마음의 집이 넓어진다면

스킨답서스처럼 크게 성공하는 • 122

행운은 행운목의 몫 • 132

투머치··· 개운죽 • 144

완벽한, 아레카야자 • 156

안 괜찮은 박쥐란 • 166

호야처럼 시간이 필요한 • 178

(에필로그) 나를 떠나간 초록친구들 • 188
작가의 말 • 200
이다의 식물 돌보는 법 • 202
우리 집의 식물 로그 • 204
나와 잘 맞는 초록친구를 찾아보자! • 212
집 밖의 초록친구 • 214

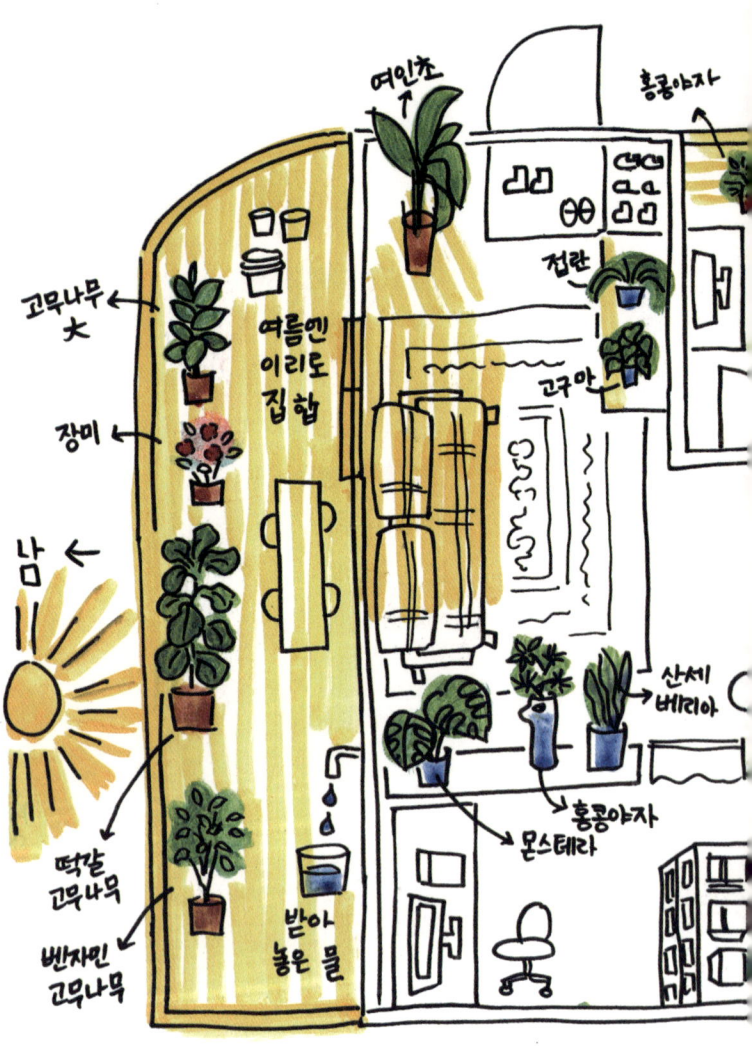

초록친구를 맞이하기 전 필요한 것

필수

물뿌리개

끝이 좁아 물이 가늘게 나오는 것
(산 거 사도 됨)

분무기

아무거나 괜찮음

물 받을 통

바게쓰, 다라이 등 아무거나 수돗물 받아놓을 수 있는 것

손가락

겉흙이 말랐는지 살펴볼때 필요

분갈이 준비물

화분

- **도자기**: 도자기는 아주 습하게 키우는 애들 빼고 비추. 통풍 안 됨.
- **토분**: 유약 안 발라져 통풍이 잘 됨. 겉이 지저분해지는 단점은 있음
- **플라스틱**: 의외로 괜찮음 무난하게 쓸만함

분갈이흙

분갈이흙이라고 쓰인거 대충 사도 됨.

마사토
완전 중요

화분 바닥에 넣을 돌 or 스티로폼 조각

물빠짐판 or 양파망

화분 구멍을 막는 용도 →

삽 or 페트병 자른 것

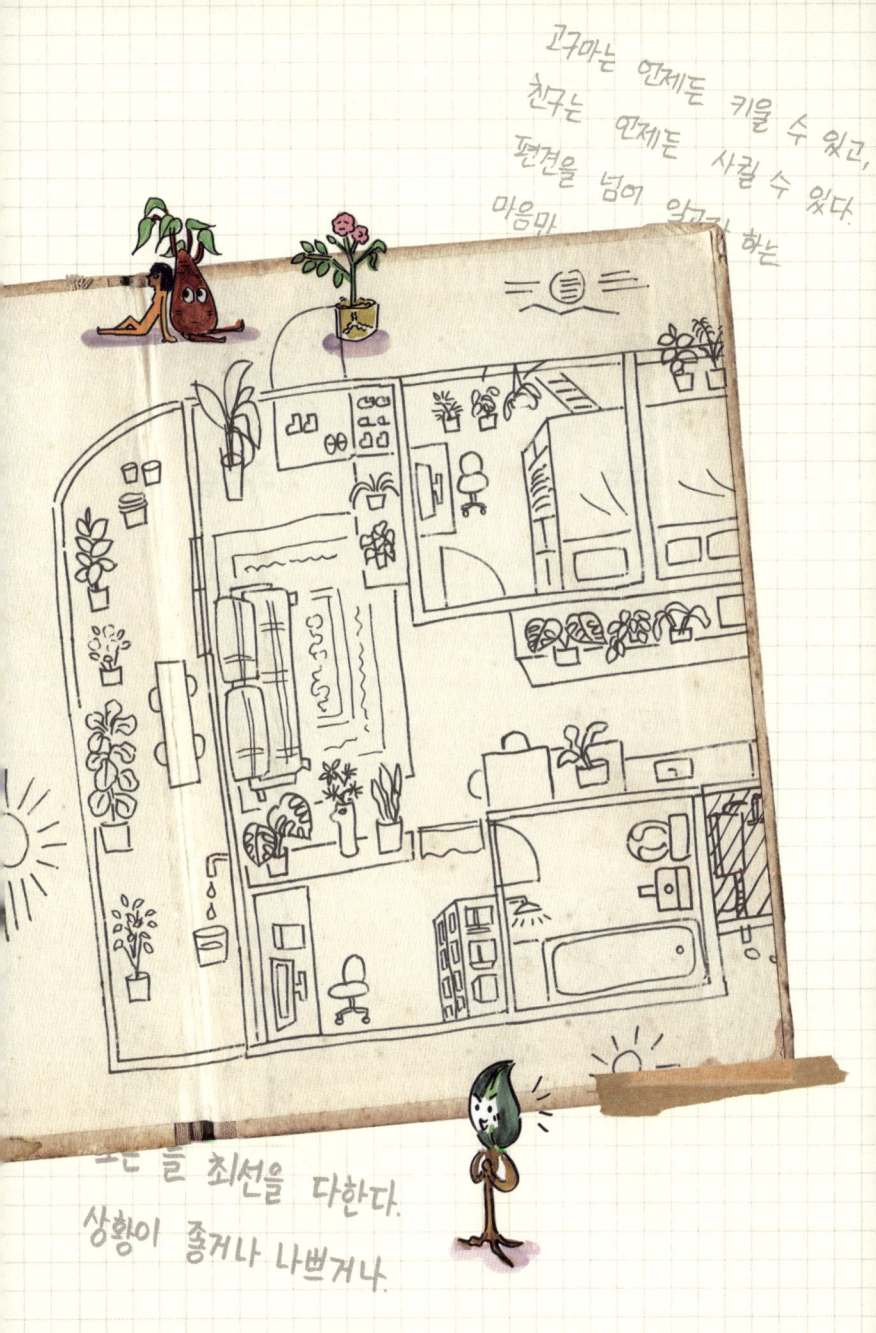

여인초처럼 다면적인

사람들은 누구나 다면적이다.

내가 아는 모습

진짜 모습

내가 아는 모습

안 보이는 모습

앞에서 보이는 모습

옆으로 돌린 모습

누구나 다 여러 모습을 갖고 있다지만
내가 알던 모습과 실제의 모습이
극도로 다른 이도 있다.

여인초
TRAVELER'S PALM

마다가스카르 태생

부채파초가 정식명칭

열대지방에서 관상용으로 많이 기름

'극락조'와 다른 식물인데 국내에선 거의 구분 안 하고 파는 듯

나도 극락조로 듣고 삼

키우기 쉬운 편이다.

극락조는 화려한 꽃이 피고, 여인초는 줄기 색과 똑같은 초록색 꽃이 핀다

내가 키우는 이 친구는 이사를 두번 겪어 상태가 안 좋다

일단 여인초라는 이름부터 그렇다.

남국 여인의
매혹적 자태를 닮은
여인초……

뭐 이런 의미의 이름일 것 같지만 사실 영어로는 Traveler's palm. 즉 '여행자의 나무'다.

 ← 줄기 아랫부분에 물이 고여 나그네들이 마셨다나.

이름의 진짜 뜻을 알고 난 후의 태도변화

여인초의 생김새는 또 어떤가.

내가 알던
여인초 →

그의 충격적인
원래 모습 ↘

훗....

엉??

심지어 꽃과 열매까지
하나도 예상 가능한 게 없다.

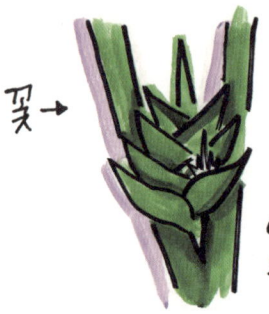

꽃 →

줄기 사이에
나는데
마치
겨털같이
애매한
위치

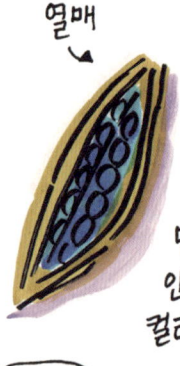

열매

정말
자연물이라
믿어지지 않는
인공적인
컬러

저 파란색은
CMYK 인쇄로는
안 나오는 색이다...

나한테 와서는
현관에 짱박힌 친구라곤
생각도 못 하겠다.

초
라

덩치 때문에
갈 데도 없음.

여인초는 이렇게 자란다.

가운데에서 늘 새잎이 나오면서 몸통이 점점 넓어진다.

옆으로는 넓어지는데

폭은 좁다.

여인초의 무한 자라기 모습

정중앙을 두고 가운데로 갈수록 어린 잎

맨 아래 잎이 시든다.

목질화 됨

시든 잎이 떨어져 나간다.

이걸 영원히 반복하면 열대지방의 여인초처럼 된다.

물론 나한테는 턱도 없는 소리다.

이걸 그리다보니
현관 앞에 외롭게 방치된
나의 여인초가 갑자기 멋있어 보인다.

아마 내가 몰랐던
진짜 모습을
알게 되었기
때문일 거다.

이제야
...?

여러 면을 다 알게 되었다고
반드시 더 좋아지진 않는다.
알아갈수록 싫은 이도 있으니까.

하지만 여인초는 그렇지 않다.

마다가스카르의
거대한 부채파초는 되지 못하더라도
그 가능성만으로도
기쁨을 주기 충분하기 때문이다.

그것만으로도 나는 충분히 방 안에서
여행자의 꿈을 꿀 수 있다.

여인초

　사람은 누구나 다면적이다. 실제 사람은 미디어 속 캐릭터와 다르다. 캐릭터는 일관된 성격에 따라 합리적으로 행동한다. 캐릭터의 서사는 독자가 이해하거나 공감할 수 있도록 잘 짜여 있다. 그래서 작품을 읽다 보면 캐릭터가 앞에서 한 행동의 의미를 나중에 이해할 수 있게 된다. 하지만 실제 인간의 행동과 사고방식은 앞뒤가 맞지 않거나 서로 충돌한다. 작가가 제대로 통제하지 못하고 이것저것 다 집어넣은 것 같은 여러 측면이 모여 있다. 그래서 미디어 속 캐릭터는 실제 인간을 그대로 옮겨서는 공감을 받을 수 없고, 그중 몇 가지만 뽑아낸 후 가공해야 한다.

　나를 예로 들어보자. (이 뒤는 안 읽으셔도 됩니다.) 나는 낯을 가리고 내성적인 편이다. 그런데 '관종'이다.

관심종자이지만 잠시 지나가는 짧은 관심보다 거대한 관심을 바라는 편이다. 그런 주제에 거대한 관심을 받으면 깜짝 놀라 도망친다. 혼자가 좋지만 막상 혼자이면 외로워 미치려고 하며, 그런 주제에 사람을 만나면 슬슬 피곤해진다. 인간에 관심이 많고 한 사람 한 사람이 다 다르다는 것을 안다. 내 앞에 있는 사람을 알고 싶고 이해하고 싶지만, 며칠만 지나면 까먹는다. 웬만하면 법을 어기지 않으려고 한다. 도덕적이라서 그렇다기보다 다른 사람의 시선을 두려워하기 때문이다. 법 없이도 살 준법시민 같지만 얼마든지 도덕적 해이에 빠질 수 있는 놈인지라 늘 자신을 경계하며 규칙을 지켜야만 한다.

한편, 사람은 잘 믿는다. 온갖 범죄 뉴스에 기겁하면서도 내 주변에 나쁜 사람이 있다는 것을 쉽게 인식하지 못하는 데다, 일단은 대부분의 사람이 나에게 호감을 가진다고 생각한다. 이처럼 타인의 호감을 즐기지만 새로운 사람은 안 만나려고 하고 친한 친구들만 계속 만난다. 진정한 사랑을 믿고 로맨티시스트 성향이 있지만 결혼은 딱히 바라지 않는다. 아이들을 좋아하고 내 아이를 낳아서 키우고 싶지만 남편과 시댁이 생기는 게 싫다. 그런데 또 내 유전자는 남기고 싶다. 취향을 말해보자면 어두컴컴한 그림을 그리는 주제에 실제로는 헬로키티 같은 귀여운 캐릭터를 좋아한다. 그런데 이런 취향을 남한테 보이고 싶진 않아서 집에만 모아놓는다.

이렇게 말하고 보니 되게 세심한 사람 같지만 1분에 한 번씩 실수를 하고 물건을 떨어뜨리는 주의 깊지 못한 사람이며 상황에 맞지 않는 부적절한 행동을 시도 때도 없이 한다. 산을 좋아하지만 운동은 싫어하고, 밥보다 빵을 좋아하지만 케이크는 안 좋아한다.

더 쓸 수도 있지만 나 같아도 질릴 것 같아서 그만 쓴다. 나란 인간은 이렇듯 합리적이지 못하고 서로 맞지 않는 면모들이 한 몸에 다 있다. 그런데 나뿐 아니라 다른 사람들도 이렇게 한 몸, 한 영혼 안에 수많은 측면이 있다는 게 아닌가(소름).

캐릭터라면 보통 두세 개의 성격 레이어가 있는 것이 이상적이다. '까칠한 줄 알았는데 사실 알고 보니 다정한 사람이었어! 그런데 깊이 들어가보니 정말 그에겐 어둠이 있어!' 하는 식이다. 하지만 실제 사람에게는 레이어가 15개, 아니 30개씩이나 층층이 쌓여 있다. 그래서 실제 사람은 캐릭터만큼 이해할 만하지 않고 사랑스럽지도 않다. 우리는 다른 사람에게 한두 개의 성격 레이어만 골라서 보여주려고 한다.

식물은 어떨까? 겉으로는 평화로워 보이지만 식물의 세계도 치열하다. 하지만 우리는 식물의 모든 것을 이해할 수 없다. 우린 인간의 언어는 이해할 수 있어도 식물의 언어를 이해할 수는 없으니까.

어쩌면 그렇기 때문에 식물은 다면적이지 않다고 믿으며, 다면적인 인간에게서 받은 스트레스를 식물을 보며 해소하는 것일지도 모르겠다. 이해할 수 없는 것이 당연하므로, 이해하지 않아도 괜찮다고 생각하면서. 아마 식물도 나에게 많은 이해를 바라지는 않을 것이다. 서로를 잘 몰라도 함께 있을 수 있다는 것은 참 다행한 행복이다.

고구마는 뻘건 친구

어릴 때 어른들에게 이런 말을 많이 들었다.

너희 때 만나는 친구가 진짜 친구지.

어른 되면 다 목적이 있어 만나는 거지, 어릴 때처럼 순수하게 친구가 못 된다.

지금 친구가 없으면 영원히 친구가 없다는 건가?

나에겐 그 말이 '만나는 목적이 있으면 친구가 아니다'라고 들렸다.

그런데 막상 내가 어른이 되고 보니
꼭 그렇지 않았다.

어릴 때 만난 친구들과는 삶과 관심사가
달라지면서 점점 멀어졌고,

오히려 일로 만나는
사람들과
성향이 비슷해
더 친해졌다.

친구가 되려고만 하면
친구가 될 수 없다 생각한
사람과도 친구가 될 수 있지.

고구마와의 만남도 그랬다.

고구마는 먹는 것이지 키우는 게 아니었는데

막상 함께해보니 너무 좋은 초록친구였다.

고구마
SWEET POTATO

- 중앙아메리카가 원산지
- 뜻밖으로 나팔꽃과 친척으로, 꽃도 비슷하다.
- 우리가 먹는 부분은 고구마의 뿌리
- 영어로 `달콤한 감자' 지만, 사실 아주 먼 사이다.
- 고구마 순도 맛있다
- 주방에서 다들 한번씩 키워본다.
- 절대 냉장고에 두면 안 되고 따뜻하고 통풍이 잘 되는 곳에 둬야 한다.
- 국내에 처음 들어온 건 광해군 때지만, 1900년대가 되어서야 널리 재배되기 시작했다.
- 잘라서 땅에 심으면 싹이 자란다.

고구마를 초록친구로 키우는 건 정말 쉽다.

 컵이나 그릇에
물을 적당히 담고,

 고구마가 1/3 정도 담기게
 넣어주면 된다.

 그러면 천천히
빨간 줄기와 ← 추울땐 빨리 안자람
잎이 나오고 뿌리도 자란다.

(눈알 스티커 붙여줌)

 잎은 마치
종이를 반 접어
오린 것 처럼
꽉 붙어 있는데
 잎이 커지면서
붙은 부분이
서서히 떨어지고

 쪼글쪼글한 잎이
점점 펼쳐지며 커져 →  예쁜
하트 모양이
된다.

집안에 초록을 늘리고 싶은데 돈은 없을 때,
이보다 빠른 건 없을 것이다.

고구마는 언제든 키울 수 있고,
친구는 언제든 사귈 수 있다.
편견을 넘어 알고자 하는
마음만 있으면 말이다.

고구마는 빨간,
또 초록 친구다. END

 고구마

어릴 적 친구가 한 명도 없는 사람? 저요. 바로 나다. 나는 소꿉친구, 죽마고우, 불알친구(잠깐, 난 불알 자체가 없는데?)가 하나도 없다. 진작에 모조리 끊어졌다. 남의 탓은 하나도 없다. 모든 건 나 때문이다.

인간관계는 당연히 불편할 수 있다. 지금은 그걸 안다. 그러나 20대의 나는 불편한 관계를 참아내는 인내심이 거의 없었다.

그때의 나는 남들이 보기에 뭔가 결정된 것 없이 불안정했다. 학교를 졸업했는데 회사에 다니지 않으니 다들 의아해했다. 요즘같이 프리랜서가 많지도 않아서 어디에 소속되지 않은 채로 그림을 계속 그린다는 게 생소할 때이기도 했다.

물론 나는 당연히 스스로를 작가로 여겼다. 그런데 나 말고는 그렇게 생각해주는 사람이 거의 없었다.

"너는 앞으로 뭐 해?"

"이제 뭐 할 거야?"

사람들이 나를 만나 별생각 없이 하는 말들이 불편했다. '나는 그림을 그리고 있고 계속 작가 활동을 하고 있는데 왜 앞으로 뭐 하냐고 묻는 거지? 나를 무시하는 건가?' 하는 생각도 했다(지금 보면 과하게 예민하다).

그래서 연락을 피하기 시작했고, 심지어 결혼식에도 가지 않았다. 그들이 나에게 수없이 많은 기회를 줬지만 응하지 않았다. 정말 미안하고 불편했지만 만남을 갖는 불편함보단 참을 만했다. 사실 이 시절에 어릴 적 친구들만 피한 것은 아니다. 인간 자체를 피했고 웬만해서는 밖에 나가지 않았다. 고구마로 치면 땅속에 묻힌 거다. 그런데 그게 너무 아늑해서 다시는 땅 밖으로 나가고 싶지 않았다.

그러다 보니 같은 고구마들을 만나게 되었다. 땅속(온라인)에서 이어진 관계는 의외로 좋았다. 서로 누군지도 모르지만 좋아하는 것이 같았는데, 그게 어릴 적 이야기와 남자친구 이야기를 하며 이어나가는 땅 밖의 관계보다 좋았다. 공통적인 취미 이야기를 하는 와중에

약간씩 오가는 서로의 이야기는 흥미로웠다. 서로 간에 선을 넘지 않으니, 부담스럽지 않게 관계를 이어나가는 것도 가능했다.

그렇게 나는 인간관계를 다시 만들어나갔다. 어렸을 때처럼 동네나 학교에서 랜덤으로 주어진 관계가 아니라, 내가 선택한 관계다. 물론 완벽하진 않다. 하나의 불편함도 없다는 것은 불가능하다. 하지만 내가 그들의 불완전함을 알고 있는 것처럼 그들도 나의 불완전함을 안다. 마치 하나의 흠도 없는 완벽한 고구마가 있을 수 없는 것처럼 말이다.

산세베리아 같은 놈

나는 친구가
얼마 없다.

정말 많은 친구들과.
친구가 될 뻔한 많은
사람들이 있기는 했다.

딱히 그들이 싫어서 그런 건 아니다.
그냥 나는 인간관계에 들일 수 있는
에너지가 너무나 작다.

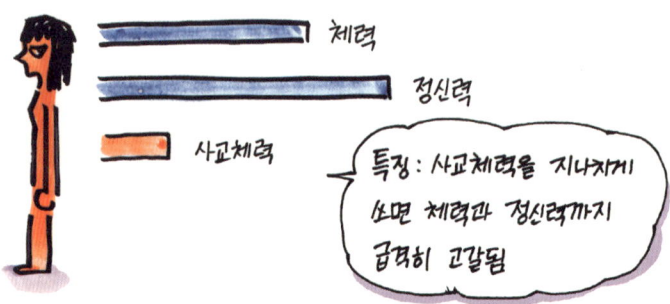

그래서 나와 친한 얼마 안 되는
친구들은 다들 좀 비슷하다.

심지어
엄마 아빠도 비슷...

이런 나를
식물에 비유하면
산세베리아와
비슷하달까?

아프리카가
원산지고

알고 보면
다육이임

나무가 아니라
풀!

아스파라거스와
같은 과라고 ㅋㅋ

산세베리아
SANSEVIERIA

죽이기 힘들다고 할 정도로 강하고
적응력이 좋지만, 지나친 관심을 주면
잎이 물러지며 죽고 만다.

 강한 녀석이지만
선인장처럼
가시가 있어
주위를 위협할 수
있는 것도 아니다.

요기가 뾰쪽해서 찔리면 아프긴 한데?

 딱딱하고 질긴 잎은
한번 꺾어지면 망한다.
하지만 어영부영 잘 산다.

그것 마저 나같군…

 햇빛을 못 보거나
통풍이 안 되어도 안 죽지만
물을 자꾸 주면 죽는다.
물을 안 줘서 죽는 경우는
거의 없다.

그릇된 관심(?)을 주면
잎이 물러지면서
하나들 죽는데
정말 보기 싫다.

이렇게 되면
사람들은 산세베리아를
내다버린다.

근데 그걸 또 줏어다가 무른 부위를 자르고
잘 키우는 사람도 있다.
그러면 또 산다.

나는 잎 토막만 있어도 살아난다비

나에게도 산세베리아 친구가
몇 명 있다. 근데 흙에 안 살고
전부 물에 들어가 있다.

나는 물살이 3년째

생각보다 뿌리는 하찮다
속에서 작게 새잎이 올라와 커진다.

물 싫어하기로
유명한 놈인데
아주 물에 넣어버리면
또 잘 산다니
신기한 노릇이다.

이렇게 자구가
생기기도 하는데
이걸 떼서
심으면
잘 산다.

나랑 비슷해서 그런가,
나는 산세베리아 친구들과
아주 잘 지내고 있다.

우리는 가만 놔두면
어떻게든 잘 산다.
END

산세베리아와 함께 춤을 ♪

너무 격렬히 추다 부러진 산세베리아

그 정도로 나의 춤을 막을 순 없지! 중식이다!!

묵 묵

주: 인간에겐 보이지 않습니다.

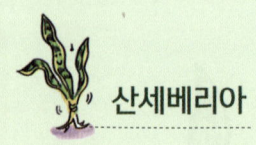
산세베리아

요즘은 MBTI가 예전의 혈액형론을 완전히 대체했다. 사람들과 대화를 하다 보면 MBTI에 대한 얘기가 꼭 나오고, 상대방의 MBTI를 추측하는 말들도 오간다. 특히 사람들에게 극명하게 갈리는 것이 E 타입(외향형)과 I 타입(내향형)이다. 정체성의 중추가 바깥으로 향하느냐, 내면을 향하느냐가 인간 무리를 나누는 가장 큰 카테고리인 모양이다.

미리 말하자면 나는 ENFP이다. 앞에 E가 붙었으니 마땅히 사교와 바깥을 좋아하고 친구가 많아야 할 것 같지만, 나는 친구가 많이 없다. 마음에 아무런 거리낌 없이 기뻐하며 만날 수 있는 친구는 한 손에 꼽는다. 친구가 많이 없으니 당연히 친구들끼리의 모임도 자주 하는 편은 아니다. 친한 친구들과 있으면 굉장히 활발하고 심지어 진취적인 면모까지 띠기 때문에 이럴 때

보면 E가 맞긴 하다 싶다.

이게 다 사교체력 때문이다. 나는 육체적인 체력도 저질이지만 사교를 할 수 있는 체력은 그보다 훨씬 떨어진다. 그래서 사람들을 만나다 보면 중간에 10분이라도 쉬는 시간이 있어야 한다(주로 화장실에 가서 숨을 돌리곤 한다).

다행히 절친한 친구들은 나와 비슷한 성향이어서 함께 있을 때 가끔 아무 말도 하지 않고 무리 속의 혼자를 즐긴다. 각자 핸드폰을 붙잡고 서로를 향한 집중을 잠시 내려놓는 것이다. 집에서 만날 때는 책을 보거나 다른 방에 가서 한숨 때리기도 한다. 한때는 모임에서 대화가 끊기는 순간을 견딜 수 없었지만 지금은 그런 시간이 있어야 편안하다고 느낀다.

이런 나와 상극인 사람이 연락을 자주 하는 사람이다. 더 구체적으로 말하자면 잠시도 쉬지 않고 나의 모든 것을 공유하려고 하는 사람, 방금 만나고 왔는데 톡으로 대화를 더 이어가려는 사람이다. 이런 사람과 함께 있으면 나는 과습이 된 산세베리아처럼 흐물거리며 생기를 잃고 만다. 그래서 연락을 너무 자주 하는 사람과는 결국엔 오래 관계를 이어나가지 못한다.

가끔은 내가 이런 사람이 될 때도 있다. 나는 친구 모호연과 같이 살고 있는데, 모호연은 나보다 훨씬 더 내향적이고 혼자 있기를 좋아하는 사람이다(어떻게 그런 사람 둘이 같이 살 수 있느냐는 질문을 자주 받는데, 우리는 주로 각자의 영역에서 활동하고 같이 있는 시간보다 따로 있는 시간이 훨씬 많다). 워낙 쿵짝이 잘 맞는 친구인지라 한번 얘기 하기 시작하면 끝이 없는데, 그러다 보면 서서히 대답이 짧아지며 낯빛이 어두워지는 모호연을 볼 수 있다. 예전에는 이런 눈치가 없어서 한번 신이 나면 미래의 할 것, 어제 생각한 것, 어제 꾼 꿈 얘기, SNS에서 본 것 등을 갑자기 와르르 쏟아내곤 했는데 이제는 눈치가 늘어서 자제할 수 있다. 물론 그럴 때마다 "이다야, 우리 잠시 얘기하지 말고 말없이 가자"라고 솔직하게 말해준 모호연 덕분이다.

사교체력은 상대적이라 절대적인 기준으로 적용되지 않는다. 어떤 사람을 만나면 사교체력이 더 낮아지기도 하고, 또 어떤 사람은 나의 사교체력을 최고로 끌어올리기도 한다. 산세베리아가 자신을 환경에 최대한 맞춰보는 것처럼 말이다. 산세베리아는 급격한 변화만

주지 않으면, 충분한 시간만 준다면 어떻게든 적응을 해낸다.

이런 산세베리아 같은 놈과 친구로 계속 있어주는 사람들에게 고맙다. 또 몇 년째 물속에서 별다른 반항도 없이 버텨주고 있는 진짜 산세베리아에게도 감사를 보낸다.

몬스테라처럼 열심히 사는

그는 늘 최선을 다한다.
상황이 좋거나 나쁘거나.

그는 늘 노력한다.
그러니 그에 걸맞는
성과도 난다.

가끔은 주어진 자리에
넘치는 결과를 내기도 한다.

의외로 우리나라에 일찍 들어왔지만 지나치게 잘 자라 천대받았다는 몬스테라.

30여 년이 지난 지금, 플랜테리어와 열대풍 인테리어의 유행에 힘입어 재기에 성공했다.

2010년대 이후 막 유행이 시작될 때만 해도
동네 화원, 아니 좀 큰 꽃시장에 가도 찾기 힘들었다.

비싸기도 비싼데 매물도 없어 인터넷에만 종종 있었다.
그러다 유행을 타고, 워낙 애도 잘 크니 가격이 점점
내려가 이제 동네 화원에서도 싸게 판다.

요즘은 몬스테라의 다른 종이 뜨고 있는데,
가격이 충격적이다.

몬스테라 보르시지아나 알보 바리에가타.

주로 '알보몬'으로 불린다.

알비노 돌연변이라고.

잎 한 장에 90만 원!

3년 전에 잎 한 장에 20만 원인 거 보고
미쳤다고 욕했는데 그때 사야 했나 보다.

와.. 3년 전에 샀으면 지금 중형화분 됐을텐데
그럼 잎 하나씩만 팔아도 얼마냐...
우아.. 우아...

어차피 사지도 않았을 거면서 갑자기 거지된 심정이다.

(주) 최근 열대식물 수입제한
조치로 들여올 수 있는 식물은
적은데 찾는이는 많아
가격이 천정부지로 뛴 것...
코로나로 출입국이 막힌 것도
한 몫함.

지금이라도
사서 불려야
하는 건가
...

돈도 없는 놈임

사실
몬스테라로 돈벌이 잘 되고 싶은게 아니라
몬스테라처럼 잘 되고 싶다.

상황이 좋거나 나쁘거나 여튼 오늘 1mm라도
더 자라고 보는 몬스테라처럼,
언젠가 다가올 거대한 성공을 기다리고 싶다.

헛꿈은 아니길
바란다. END

 **몬스테라**

- 만화는 2019년 시점입니다. 지금 몬스테라 알보 시세는 잎 한 장당 5만 원 정도입니다.

몬스테라처럼 살기는 어렵다.

몬스테라는 자신이 있는 곳이 어디든 최선을 다해 산다. 물론 햇빛이나 분무, 영양이 부족하면 예쁘게 자라진 않는다. 하지만 열심히 자라는 것만은 확실하다.

나는 열심히 사는 사람이 제일 부럽다. 내 기준에 '열심'이란 이런 것이다. 아침 일찍 일어나 자기 일에 최선을 다하는 사람, 매일 운동하는 사람, 미래에 도움이 되는 취미생활을 하는 사람, 부지런히 일을 벌이고 감당할 수 있는 사람, 독립출판 하는 사람, 자기 작품으로 굿즈를 만들고 손수 판매까지 하는 사람, 자기 홍보를 열심히 하는 사람, 쇼츠 영상을 꾸준히 만드는 사람, 전시회 자주 하는 사람, 내가 하고 싶었던 것을 하고 있는 사람 등등.

그런데 남들에게는 나도 그렇게 보이는 모양이다. 난 내가 계획한 것의 3분의 1도 하지 못했는데 부지런하다는 말을 꽤 자주 듣는다. 들을 때마다 진짜인가 싶어 의아하다.

내가 매일 경험하는 나와 남들이 가끔 보는 나는 다르다. 나는 나와 매일 함께 있고, 매 순간 내가 하는 짓을 지켜본다. 뭘 하고 뭘 안 하는지 안다. 하지만 남들은 나를 항상 지켜보지 않는다. 내가 성과를 낼 때 가끔 나를 볼 뿐이다. 내 인생의 공백은 그들에게 보이지 않는다. 그러니 남들에게는 당연히 내가 부지런한 걸로 보인다(비슷한 개념으로 남의 집 애가 빨리 크는 것과, 관심 없는 연예인이 빨리 제대하는 것을 들 수 있다).

어쩌면 남들이 보는 것이 맞을지도 모른다. 사실 열심히 한다는 것은 매일의 성과로 증명되지 않는다. 성과를 내기까지는 오랜 시간이 필요하고 하루하루 의미 없어 보이는 작업과 노력이 필요하다. 그런 날들이 모이면 성과가 나온다. 몬스테라가 새잎을 한 장 내기까지 몇 달이 걸리기도 하는 것처럼 말이다.

초조해하지 말아야겠다. 몬스테라도 커다란 찢잎을

바로 펼칠 수 없다. 나도 노력한다고 해서 하루 만에 성장할 수 없다. 하지만 멀리서 보면 나도 조금씩 성장하고 있을 것이다.

고무나무 같이 앞서 나가는

이런 친구가 있다.
처음 만났을 때는
사람이 참 활기차고
반짝반짝하다.

그래서 그런지
발전도 빠르다.

그런데 친해질수록 점점 뭔가 기가 빨린다……

이런... 고무나무 같은 사람...

인도고무나무

Rubber (고무)
fig (무화과)

원산지는 인도

고무 나오는 그 고무나무 맞음

전 세계적으로 많이 키움

의외로 뽕나무와 같은 과

천연라텍스가 여기서 나옴

그의 친척들

 떡갈 고무나무

 뱅갈 고무나무

 대만 고무나무

등등...

고무나무는 정말 잘 자란다.
여러 화분을 같이 키워도 혼자 앞서 나간다.
얼마나 잘 자라냐면...
잘 자라는 게 그의 단점이다.

정말... 조금만 방심해도 혼자 엄청나게 앞서 나간다.
그래서 동네에 이런 친구들이 많이 목격된다.

미친 듯이
위로만
올라가다
정도를
잃은
친구

잎이 너무 많이
달려 가지가
부러지기
직전인 친구

멀쩡히 잘 올라가던
길에서 갑자기
방향을 잘못
튼 친구

개업하자마자
버림받은 친구

나도 고무나무를 몇 번이나 길렀지만, 한번도 예쁘게 기른 적이 없다.

이렇게 과도하게 자라 문제인 고무나무지만
고향에선 아무 문제도 없다.

20m, 30m씩 자라면서 잘 산다.
화분 대신 온 땅을 차지하고 말이다.

앞서 나가는 그가 문제가 아니라
그 거대한 나무를 작은 화분에
담는 것이 문제였다.

그래서 여기서 얻을 수 있는
교훈은 무엇인가...

응? 뭔가 교훈이 이상한데?

여튼 고무나무는 잘 산다.

지나치게 잘 산다. END

높이떼기라는 걸 해봤다.

 ① 적절한 높이에서 나무껍질을 칼로 벗겨준다

 ② 물에 적신 이끼를 둘러준다.

햇볕이 통과하지 못하는 재질

 ③ 과자봉지를 잘라 잘 싸준다.

1달 후

 ④ 우와!!! 벗겨진 부분에서 뿌리가 자랐다!!

내가 잘렸나?

 ⑤ 뿌리 아래를 잘라주면 높이떼기 성공!!

싹 뚝

앞서 나가는 친구 2명으로 증식

예아

고무나무

만화에서는 앞서 나가는 사람이 매우 피곤한 것처럼 썼지만, 사실 나도 앞서 나가는 사람이다.

고무나무 같은 사람이 100미터 앞서 나간다면 나도 50미터 정도는 앞서 나간다. 뭔가 하고 싶으면 바로 해야 한다. 의욕이 있을 때는 앞에 뭐가 있어도 다 쳐내고 전진한다. 이런 성격을 두고 흔히 '일을 벌인다'라고 표현한다.

고무나무는 한번 앞서 나가기 시작하면 뒤를 돌아보지 않는다. 자신의 모습 따위 신경 쓰지 않는다. 몸통을 키우기도 전에 잎을 너무 많이 내서 가지가 휘고 부러지기도 한다. 그럼 다시 다른 쪽에서 가지를 낸다.

하지만 나 같은 인간은 앞서 나가다가 곧 흥미를 잃기 일쑤다. 잎을 크게 몇 장 낸 후에 시들해진다. 잎 몇 장 내느라 갖은 에너지를 다 써버린 것이다. 또는 다른 일에 다시 정신이 팔려 흥미가 사라져버린다.

예전엔 이런 나의 성향을 많이 자책했다. 흥미 위주로 비정상적으로 크게 키운 잎 몇 장이 되레 창피할 때도 있었다.

'왜 일을 벌이기만 하고 마무리를 못 해?'
'할 거면 하나를 제대로 하는 것이 좋지 않나?'
'큰 기둥을 키워야지 왜 자꾸 잔가지만 내냐고.'

그런데 이런 앞서 나감이 해가 될 때도 있지만 득이 될 때도 있다는 것을 알았다. 이미 시들해진 뒤라도 앞서 크게 낸 잎 몇 장 덕분에 새로운 활로가 생기기도 하는 것이다. 중간에 그만뒀더라도 잎을 아주 내지 않은 것보다는 훨씬 나았다.

이런 걸 보면 앞서 나갈 수 있을 때 앞서 나가버리는 고무나무가 옳은 걸지도 모르겠다.

장미처럼 강인한

이런 사람이 있다.

누가 봐도 아름답고 화려해
어디에 가나 주목받는다.

비슷하게 예쁜 이들과 있어도
독보적으로 눈에 띈다.

  ← 이런 칭찬,
아니 찬양이
끝없이 이어짐

그래서 그를 좋아하는 사람도 많고
원하는 사람도 많다.

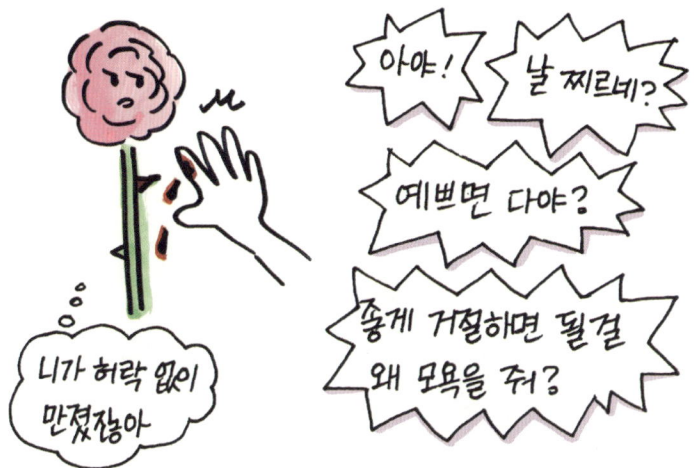

그는 태어난 대로 살 뿐인데
거만하다 소리를 듣는다.

이런... 장미같은 사람...

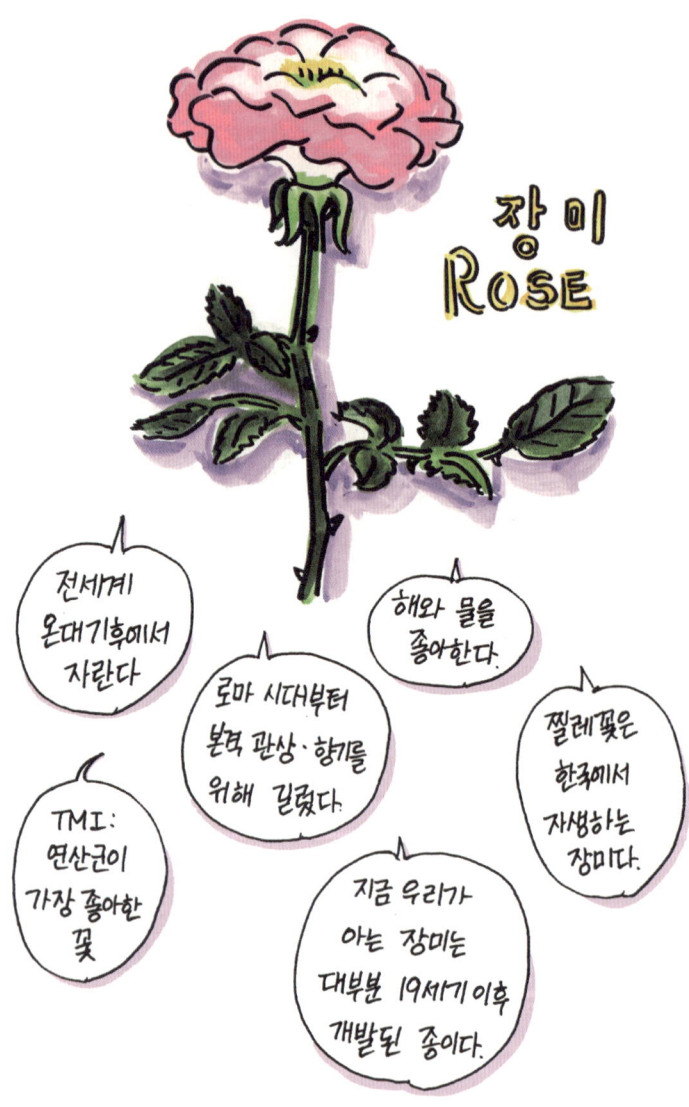

사실 초딩 이다도
장미를 크게 오해했었다.

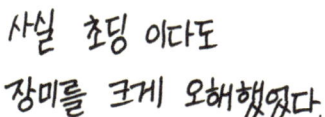

11살
이다의
일기
中 →

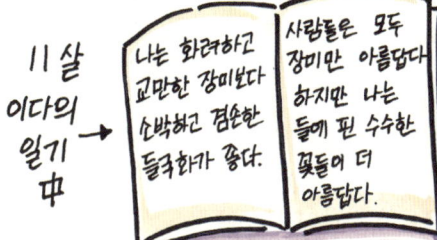

틴에이저 이다도 장미를 그리
좋아하지는 않았다.

생각해보면 그때 팔던
장미들은 좀
천편일률이긴 했다.

그러다 2000년대가 넘어서는
서서히 다양한 장미가
보이기 시작했다.

알고 보니 장미는 엄청나게 많은 종류가 있었다.

등등이 야생장미이고, 여기서 인간이 수없이
개발하고 접목시킨 것이 우리가 아는 장미이다.

호랑이와 고양이가 같은 과인 것처럼
벚나무, 사과나무, 황매화, 딸기도 같은 장미과다.

장미과... 엄청나게 성공했는데?

힘과 아름다움...
모두 가졌군...

나도 지금 장미를 키우고 있다.
키우면서 느끼는 건데
장미는 정말 강인하다.

아름다운 꽃잎은 쉽게 시들거나 망가지지 않는다.

단단한 꽃받침은 무거운 꽃을 며칠씩이나 지탱한다.

잎은 각종 병충해를 당해도 죽어라 새것을 낸다.

가지는 쉽게 꺾이지 않고, 가시는 아무리 작아도 적을 방어해낸다.

장미과의 전지구적 성공은 이런 강인함 때문이 아닐까?

훗

장미는 잘 산다. 누가 괴롭혀도 잘 산다.
아니, 잘 살기 위해 늘 노력한다.

장미는 정말 아름답고 강한 초록친구다. END

 장미

    고등학교 때 장미(가명)라는 친구가 있었다. 장미는 우리 학교에서 제일 예쁜 아이였다. 비슷비슷한 아이들 중에서도 장미는 언제나 눈에 띄었다. "장미 되게 예쁘다." 누군가가 말을 꺼내면 꼭 이런 말이 들려왔다. "장미 쟤, 중학교 때 100킬로그램 넘는 돼지였는데 살 빼고 성형해서 용 된 거다." 그러면 꼭 누가 이런 말을 덧붙였다. "지방흡입 한 거래." 나중엔 이런 말까지 붙었다. "갑자기 살 확 빼서 겉만 예쁘지, 가슴은 쪼글쪼글하다더라."

    그러다 고등학교 2학년 때 장미와 나는 같은 반이 되었다. 장미는 2학년이 되며 소위 노는 아이들과 친구가 되었기 때문에, 아이들은 이제 대놓고 장미를 욕하지 못했다. 하지만 무시할 수는 있었다. 장미에게 호감을 갖고 말을 거는 아이들은 거의 없었다. 아이들의 태도는 마치 '너는 진짜 미녀가 아니다.', '너는 사기를 쳐서 예뻐진 거다.' 하는 느낌이었다. 나는 동조하지 않았지만 그렇다고 장미의 편을 들지도 않았다. 당시 내가 짝사랑하던 남자아이가 장미에게 관심을 보였기 때문이었다.

몇 달 후 나는 장미와 바로 옆자리에 앉게 되었다. 장미는 가까이서 보니 더 예뻤다. 피부는 잡티 하나 없이 하얗고 보송보송했고, 선명한 쌍꺼풀 아래 투명한 갈색 눈동자는 넋을 잃고 보게 만들 정도였다. 바로 옆에 앉아서 만난 장미는 아이들 말처럼 못되고 싸가지 없는 아이가 아니었다. 무르고 순진했다. 라디오헤드를 좋아해서 나와 취향도 잘 맞았다. 우리는 수업 시간에 몰래 이어폰을 나눠 끼고 라디오헤드를 들었다. 장미는 남자를 꼬시려고 환장한 아이도 아니었고, 살 빼려고 아무것도 안 먹는 아이도 아니었다. 그냥 너무 평범한 그 나이대의 아이였다.

왜 다들 그렇게 장미를 싫어했을까?

1990년대 말은 '여적여'를 당연시하던 때였다. 여자의 적은 여자이고, 예쁜 여자는 평범한 여자들의 적이라고 했다. 남자들은 예쁜 여자를 장미꽃이라고 추켜세우고, 못생긴 여자는 호박꽃이라고 불렀다(여기서 실제 호박꽃의 아름다움을 논하는 것은 미뤄두자). 예쁜 아이와 같이 사진이라도 찍히면 "얘 옆에 있으니까 완전 메주네.", "같이 사진 찍히지 마라." 하는 놀림이 돌아오곤 했다. 예쁜 것과 추한 것, 장미꽃과 호박꽃의 세계에서 호박꽃은 장미꽃을 미워할 수밖에 없었다. 여자의 적을 여자로 만드는 것은 여자들을 제멋대로 비교하고 우위를 나누는 남자들이었다.

어릴 때 여자 연예인의 부고가 들리면 어른들은 "미인박명이라더니." 하고 말했다. 미인은 팔자가 나쁘다는 것이다. 엄마가 말하길, 얼굴이 예쁜 애들은 성격이 아주 드세야 한다고 했다. 성격이 착하고 물러가지고는 남자들이 찝쩍거리는 것을 감당할 수 없으니 안 좋은 일이 많이 생긴다는 것이다. 그러고 보니 이런 일을 비유할 때도 장미가 쓰인다. "장미에 가시가 있는 이유지.", "장미는 가시가 있어야 맛이지."(우웩) 태어나니 그냥 예쁘고 본 장미가 참 별말을 다 듣는다.

꽃은 아름다운 것이고, 꺾을 수 있는 것이고, 감상하는 것이고, 잠깐 피어났다가 곧 시드는 것이다. 이 모든 속성을 남자가 여자에게 대입시킨 구린 역사가 있다. 꼭 뭔가에 비유를 해야겠다면, 장미라는 존재를 더 자세히 봐보자.

장미꽃이 피고 지는 것은 당연한 일이다. 하지만 장미에게 꽃 한 송이는 극히 일부일 뿐이다. 장미는 하나의 뿌리에서 끝없이 퍼져나가는 덩굴이다. 한 송이가 지면 옆에서 다른 봉오리를 만들어 밀어 올린다. 5월이 장미의 계절이라지만 푹푹 찌는 7월에도, 바람이 점점 쌀쌀해지는 10월에도 장미는 죽어라 새잎을 내고 새 봉오리를 만든다. 화분에 심은 장미는 병약해서 섬세히 돌봐야 하지만, 길에 자라는 장미는 웬만해선 죽지 않는다. 산에 자라는 장미의 원조, 찔레도 마찬가지다. 가지를 밟아도, 부러뜨려도 옆에서 새 가지가 또 나온다. 온 산을 뒤덮을 기세로 자라고 꽃을 밀어 올린다.

장미는 꺾어도 다시 자라며, 시들면 열매를 맺고 내년에 다시 꽃을 피운다. 바라보는 사람이 있거나 없거나, 장미는 그저 장미의 인생을 살아간다. 오로지 그 자신의 방식으로.

초록친구의 적

별것도 아닌데
해로운 놈들이
있다.

1시간에 한 번씩
집전화로 전화해
집에 있는지
확인하는 놈

다른 남자
만날까 봐
출판사 미팅까지
따라온 놈

지 화를
못 이기고 벽 쳐서
손등 부러지는
놈

성추행 당했다고 하니
니가 뭐 어떻게
하고 다녔으면
그러냐고 화내는
놈

돈 빌려가 놓고
갚으라니
소리 지르는
놈

옷 이상하게
입었다고 가서
갈아입고
오라는 놈

응? 왜
다 아는 얘기지?

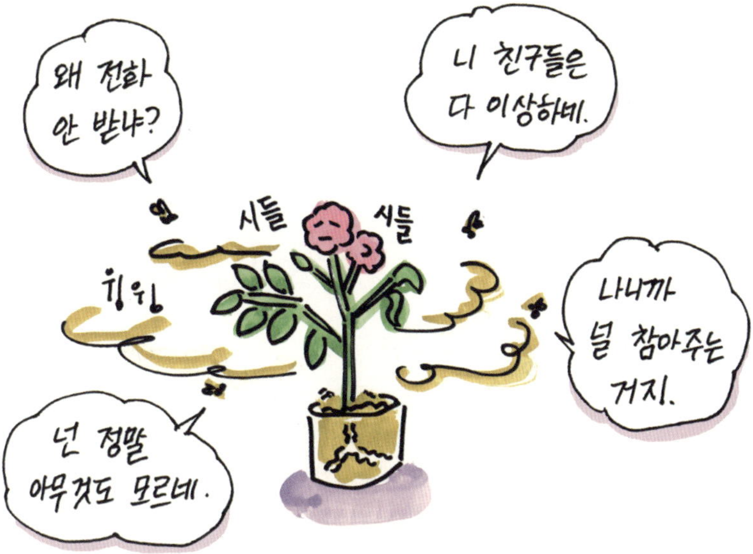

사람 시들시들 말려 죽이면서 헤어지자고 하면
살충제 마시고 죽겠다는 놈들······
상냥한 사람의 인성에 기생하는 놈들····

이런 뽀라파리
같은 놈들...

뿌리파리는 식물인들의
영원한 숙적이다.

몸 길이가 길어봤자
1~2mm라

방충망도 뚫고 들어오고,

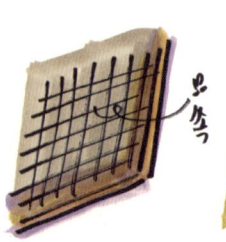

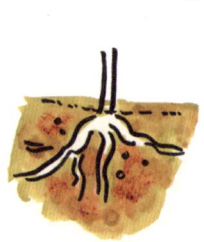

화분에 알을 낳는데
이 유충이
식물의 뿌리를
갉아먹으며 자란다.

다 커서는 다시 화분에
알을 낳으니 영원히
악순환이 이어진다.

식물은 조금은 견디지만
곧 죽게 된다.

뿌리파리가 생길 때마다
아예 화분을 엎어
수경으로 바꾸어버렸는데,

꾸물 꾸물
흙을 버리자!

이번에는 장미 화분이라
수경도 할 수 없다.

뿌리파리, 심지어 흰가루병까지…

분명 봤음
세일

지하에 있는 컴컴한 생활 용품 점에서 데려온 것이 문제였을까?

뿌리파리인가?
내가 살 거에 설마
있겠어?

← 자가 원할 때는 긍정적인 편

장미와 함께
뿌리파리까지
사버린 이후로
집에 뿌리파리가
창궐했다!!

지금 이거 그리는데도
책상 앞에서 4마리 봄

이제부터라도 열심히 관리하면 될 텐데
이 정원에 급격히 정이 떨어지는 나란 인간...
과연 이 사태를 어떻게 해야할 것인가?

END

 ## 초록친구의 적

안 좋은 일이 생기면 내 잘못이라고 생각했다.

내가 전화를 늦게 받아서, 내가 말을 이상하게 해서, 내가 성격이 안 좋아서, 내가 그럴 짓을 해서, 남자를 자극할 짓을 해서….

난 언제나 내 탓을 하는 것에 익숙했다. 네 탓이 아니라고 하는 일에도 내 탓을 하는 마당에, 네 탓이라는 말을 들으면 3년은 반성했다. 이런 성격의 사람은 사람을 잘 만나야 한다. 남의 탓으로 돌리기 좋아하는 사람을 만나면 뿌리파리 꼬인 장미 화분같이 된다.

내 잘못이 아니라는 것을 알게 되는 데 10여 년이 걸렸다. 사람들은 '아니 땐 굴뚝에 연기 나랴.' 같은 속담을 들며 피해자도 원인을 제공했을 거라는 식의 말을 많이 한다. 둘이 똑같다는 거다. '아 다르고, 어 다르다.' 같은 속담도 이럴 때 많이 써먹는다. 양쪽 말을 다

들어봐야 한다는 것이다. 진짜 그런 걸까?

"장미가 뿌리파리한테 뭔가 잘못을 했겠지."

"장미가 뭔가 여지를 줬을 거야."

"뿌리파리도 본능 때문에 어쩔 수 없이 그러는 거야."

"뿌리파리도 자기 인생이 있는데 멀쩡한 뿌리파리의 인생을 망쳐서야 되겠어?"

뿌리파리가 장미 화분에 기생하는 건데, 그런 뿌리파리를 동정하고 그의 입장을 들어봐야 할까? 아니다. 아니 땐 굴뚝에도 연기가 난다. 뿌리파리는 딱히 상대를 가리지 않는다. 기생할 수 있으면 기생하는 거다. 장미는 뿌리파리의 사정을 알 필요 없고, 감안할 필요도 없다.

세상일에 모두 원인이 있지는 않다. 때론 그냥 운이 없어서, 상대가 나쁜 사람이라서 벌어지는 일이 있다. 그럴 때 나를 탓할 필요는 없다. 저놈이 나쁜 놈이라고 해도 된다.

내가 키우는 장미를 위해서라면, 뿌리파리는 있는 힘껏 물리쳐도 괜찮다.

뿌리파리의 적

별것도 아닌 주제에 뿌리파리는
끈질기고 지독했다.

이 화분을 조지면
저 화분으로 가고
저 화분을 엎으면
컴퓨터 앞에까지 와서 나대고.

너무 빡쳐서 농약으로 다 조져버리려는데
농약은 아무데서나 팔지 않는다 한다.

농약은 허가받은 '종묘사'
에서만 팝니다.

음...당연하군

근데 서울 시내엔 종로 말고는 종묘사가 1도 없었고,
가기 귀찮아서 다른 방법을 쓰기로 했다.

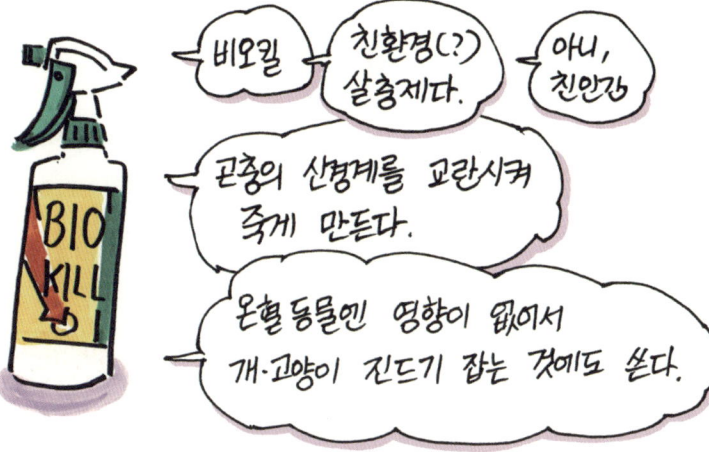

비오길을 화분에 분사하면
뿌리파리가 대부분
죽는다고해서 모든 화분에
성수처럼 뿌렸다.

하지만 역시 비오킬 정도론
턱도 없었고,
그래서 난 또다른 뿌리파리의
적을 영입했다.

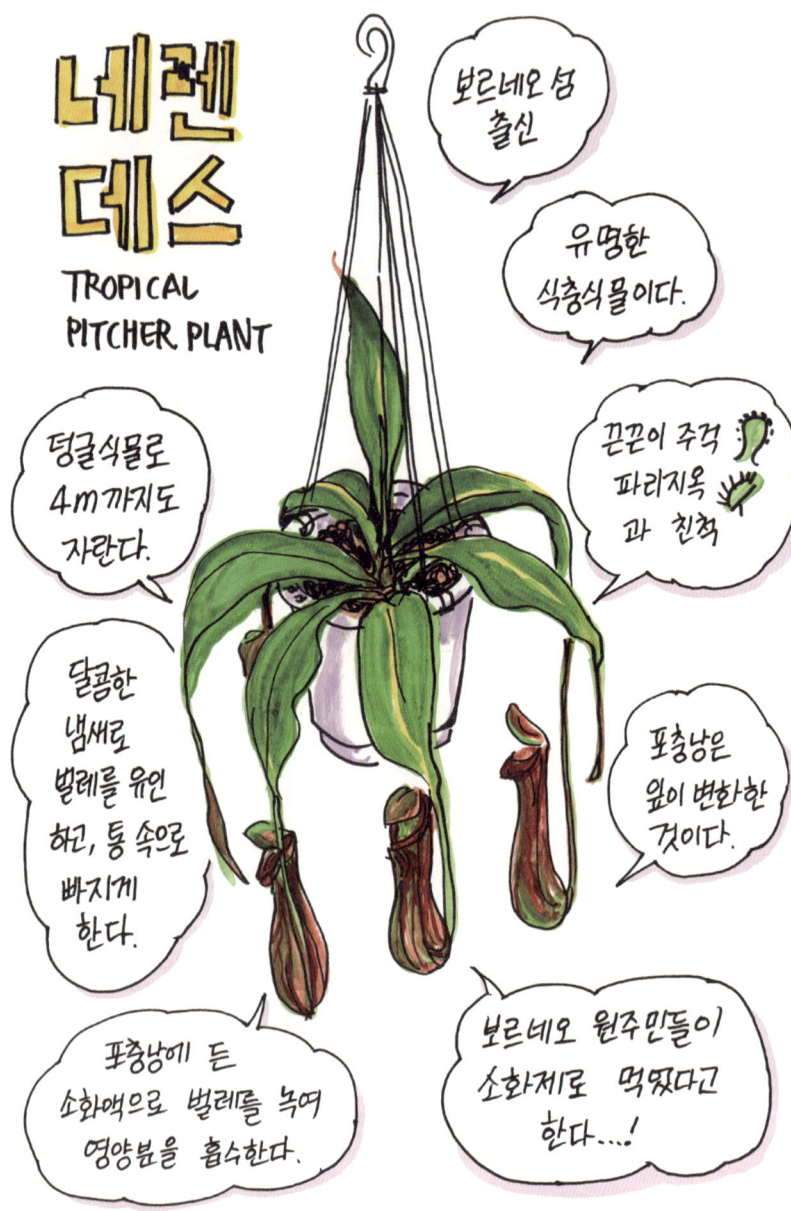

뿌리파리 놈들. 니들은 이제 끝났어!!

네펜데스를 뿌리파리 본거지인
장미 토분 옆에 놔뒀더니,
벌써 냄새에 꼬여 얼쩡대고 있다.

갑자기... 뿌리파리가 안 미운데?
두근

뿌리파리를 위한 네펜데스, 아니,
네펜데스를 위한 뿌리파리...

이것이 발상의 전환

네펜데스를 들이니
갑자기 뿌리파리 농장으로 보인다.

근데 생각만큼은
잘 잡히지
않는다.

왜 안 잡히지?

야.. 온지 하루도
안 됐어....

아, 그런가.

괜찮다! 내가 잡아서 주면 되는 거다!
전엔 집에 벌레 들어오면 극혐했는데
지금은 막 신나서 잡고 있다.

이런 긍정적
효과가??

오예!
벌레다!

파
지
직

핀셋

자, 이거
먹어~♡

덕분에 벌레의 씨가 마른 집.

결국 종로까지 가서 사 온
유명 농약 빅카드.

← 주인아저씨가 추천해줌.
만증 검사 그런 건 없었다?!

하지만 아직은
뚜껑을 열지 않고 있다.

좀만 더 먹이고...

초록친구의 적은
초록친구로
물리치고 싶기
때문이다.

네펜데스, 다 먹어!

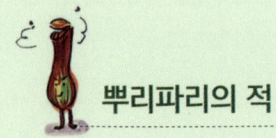
뿌리파리의 적

　당연하지만 네펜데스로는 뿌리파리를 물리치지 못했다. 대신 네펜데스에게는 모기나 나방을 잡아서 열심히 먹여줬다. 그런데 나의 정성에도 불구하고 포충낭이 점점 말라갔다. 마른 포충낭을 잘라주면 새로 포충낭이 나야 하는데, 깜깜무소식이었다. 결국 네펜데스는 이게 네펜데스인지 잡초인지 모를 상태로 시들시들 반년을 산 뒤 나의 곁을 떠나갔다.

　햇빛이 부족했나? 너무 추웠나? 영양이 부족했나? 벌레를 더 많이 먹여야 했나? 지금도 이유는 알 수 없다. 찾아보니 네펜데스가 키우기 쉬운 식물은 아니라고 한다. 특히 건조함에 아주 약하다고 한다. 아, 분무를 좀 더 잘해줬어야 했는데 내가 너무 대충 대했다. 이러니 손절을 당하지.

　요즘 사람들은 인간관계에 '손절'이라는 말을 쓴다.

손절은 원래 주식 용어인 '손절매'에서 온 말로, 하락 중인 주식을 손해를 감수하고 팔아버리는 것을 뜻한다. 그래서 오래 공들였지만 손해를 감수하고 관계를 끊어버릴 때 이 말을 쓰게 된 것이다(예전엔 '절교'란 말을 주로 썼다).

나도 누군가를 손절한 적이 있고, 누군가에게 손절당한 적도 있다. 특히 어릴 때는 서로 툭하면 "너 절교야!" 하고 외치곤 했다(그래놓고 며칠 있으면 또 잘 놀았다). 사실 어른의 인간관계에서 손절까지 가는 일은 웬만해선 잘 없다. 연인 사이도 아니고 "이제 우리 그만 만나자"라는 말을 하는 건 좀 이상하다. 불만이 있어도 말하지 않은 채 서서히 멀어지는 게 보통이다.

그런데 서서히 멀어지는 게 안 되는 관계가 있다. 그동안 오래 알아왔거나 많이 친한 사람, 또는 어쩔 수 없이 만나야만 하는 사이다. 식물로 따지면 우리 집에 이미 들어온 식물이다. 우리 집에 그냥 두든가, 우리 집에서 내보내든가 둘 중 하나를 무조건 택해야 하는 것이다. 이런 관계를 끝내야 할 때는 손절하는 사람과 손절당하는 사람 모두가 상처를 받는다. 하지만 만나지 않는 것이 만나는 것보다 낫다면 결국 결단을 내릴 수밖에 없다.

그렇게 억지스러운 이별을 하고도, 다시 사람을 만나고 관계를 맺는다. 적어도 지난 관계에서 했던 잘못을 다시 하지 않으려 애쓰고, 상대가 내게 끼치는 불편이나 불쾌감을 부당히 참지 않는다. 사람은 주식이 아니어서, 손절이 반드시 손해로만 남지 않는다. 안 좋은 기억이 오히려 성숙한 관계를 만들어가는 밑천이 되기도 한다.

다음에 네펜데스를 데려온다면 좀 더 나은 내가 될 수 있을까? 그 네펜데스와는 좋은 관계로 지낼 수 있을까? 모르겠다. 하지만 다시 만나고 싶다. 끝이 어떻게 되든 간에 우리는 다시 관계를 맺으며 살 수밖에 없으니까 말이다.

커서는 상처 입은 사람들과
사랑에 빠지거나
관계를 맺었다.

이들이
"좋아"가
"참을 수 있어"이기 때문이다.

스킨답서스처럼 크게 성공한

어디에나 그가 있다.

방에도,

주방에도,

컴컴한
공중화장실
에도,

짙은 선팅을
한
미용실
에도,

민 원

수백 명이
오가는 관공서에도

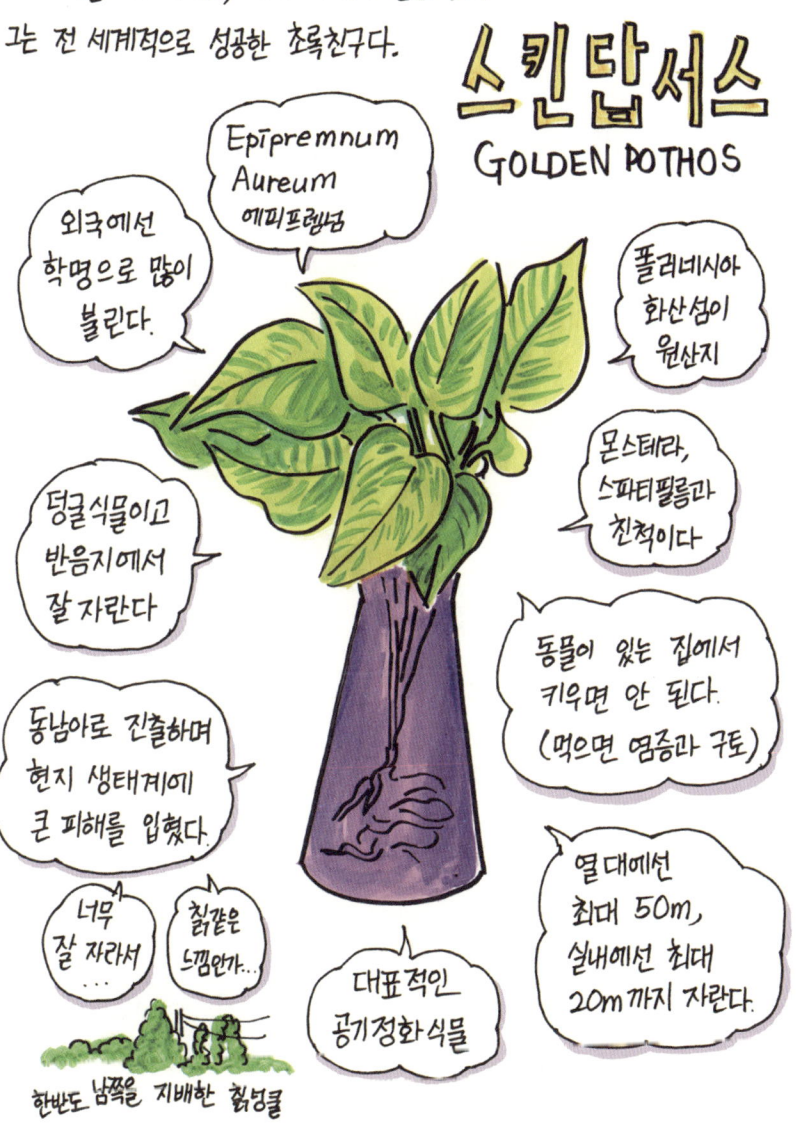

제아무리 뛰어난 연쇄살木 마라고 해도
스킨답서스는 키울 수 있다.

잘만 사는 놈이다.

죽이기 어려운 스킨답서스를
흙에서 꺼내 물에 담그면
그야말로 영생이 가능하다.

그래서 지금 나한테는 대를 이어 영생하는
스킨답서스 친구들이 곳곳에 있다.

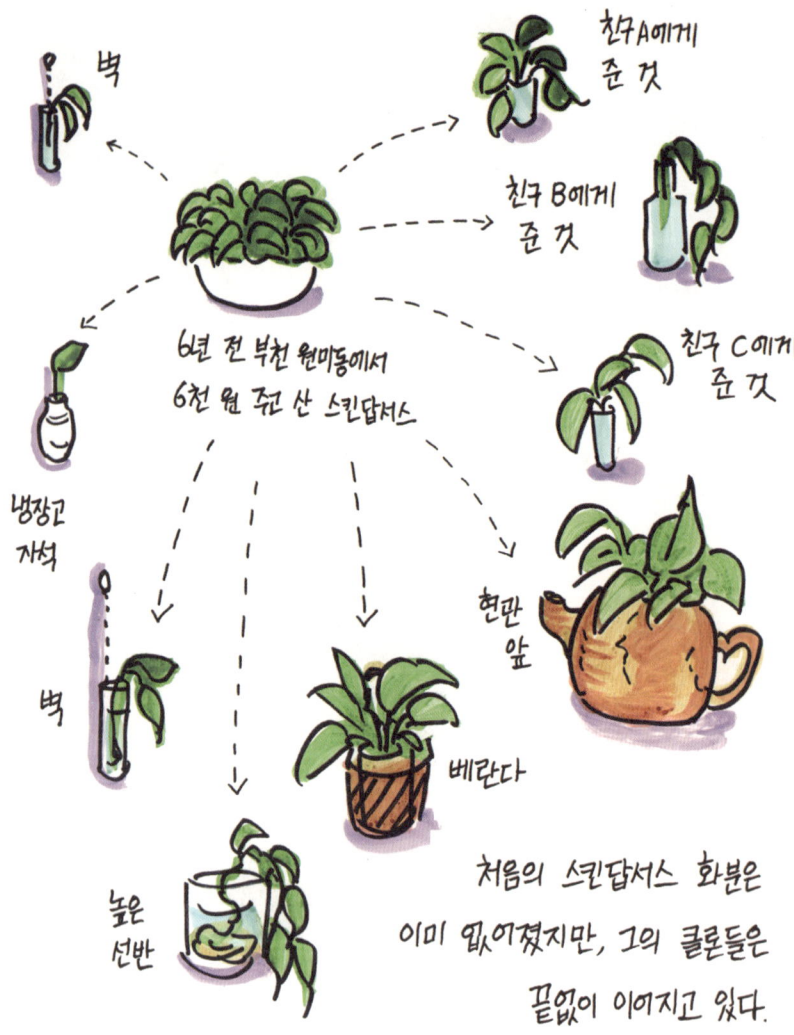

처음의 스킨답서스 화분은
이미 없어졌지만, 그의 클론들은
끝없이 이어지고 있다.

역시 어디에나
그가 있다.

특별하지는 않지만
보편적으로
어디에나
스킨답서스가 있다.
END

 스킨답서스

　스킨답서스는 어디에나 있다. 예쁘고 풍성한 것에 비해 가격도 저렴하다. 그래서 다들 한번은 키워본다. 반려식물 입문을 스킨답서스로 하는 사람도 많다. 초보들이 아무리 발로 키운다고 한들 이 녀석을 죽이기는 어렵다.

　이건 모두 스킨답서스의 끈질긴 생존력과 적응력 덕분이다. 스킨답서스는 어떤 환경에 놓인다고 해도 자신을 그곳에 맞춘다. 상처를 입어도 쉽게 죽지 않는다. 오히려 상처를 발판으로 삼아 새로운 싹을 낸다. 가히 생존력의 화신이라 할 만하다.

　생존력이란 단어를 무심코 써놓고 보니 정확한 뜻이 궁금해진다. 사전에서 찾아보니 '죽지 않고 끝까지 살아남는 힘'이라고 한다. 역시 스킨답서스에 어울리는 단어다. 그의 생존력이 부럽다.

　아니, 잠깐. 나에게도 생존력은 있지 않나? 생존력의

정의가 죽지 않고 끝까지 살아남는 힘을 가리키는 거라면 말이다.

예전에는 스스로를 그렇게 생각해본 적이 없었다. 그도 그럴 것이, 나는 남들이 보기엔 별일 아닌 것에도 적잖이 스트레스를 받았다. 갈등이 일어날 것 같은 상황에서는 얼른 도망쳤다. 남이 조금만 싫은 말을 해도 속이 쓰렸다. 우울증이 심했던 20대 때는 꽤 자주 죽음을 생각하기도 했다. 그래서 나는 내가 이 세상에서 살아가기엔 너무 나약하다고, 생존력이 떨어지는 개체라고 생각했다.

그럼에도 불구하고, 나는 지금 살아 있다. 죽겠다느니 힘들다느니 좌절하고 울고불고하면서도 여하튼 살아 있다.

그렇기 때문에 그림을 그리고 이 글을 쓴다. 나에게 그만한 생존력이 있는 것이다. 너무 당연한 사실인데도 '생존력'이라는 것에 집어넣어보니 왠지 기분이 좋다. 뭔가 능력 하나를 얻은 느낌이랄까. 나뿐만 아니라 이 지구의 누구든 일단 살아 있으면 생존력에서는 이미 맥스다.

스킨답서스도 밑동을 잘렸을 때 쉽게 다시 뿌리를 내는 것은 아니다. 분명 그도 온 힘을 다했을 것이다.

생존하기 위해 최선을 다하는 스킨답서스처럼 나도 끝까지 살아남아볼 생각이다. 무엇을 이루지 못해도 괜찮다. '생존'이라는 단 하나의 목표를 이루는 것만으로도 우리 모두는 의미가 있다.

행운은 행운목의 목

나는 구원자 콤플렉스가
있다.

내가 도와줘야 하는데..

신경 쓰인다...

어릴 때는
혼자 있는 아이에게
꼭 말을 붙여야
마음이 편했고,

커서는 상처 입은 사람들과
사랑에 빠지거나
관계를 맺었다.

내가 사랑해 줘야 해

너덜 너덜

문제는 이런 관계가
건강하게 유지되는 경우가 거의 없어서

결국 내가 지쳐 나가떨어지는
수순을 밟는다는 거다.

내가 행운목을 처음 만난 것도
그래서였던 것 같다.

행운목

초심자가 키우기 만만

영어로도 Happy Plant

수경으로 잘 큰다

아프리카가 원산지

줄기를 토막내면 또 하나의 나무로 자란다.

믿거나 말거나 잘 키워 꽃을 보면 행운이 온다고 한다

꽃집에서 퍼뜨린 얘기일 듯

이놈이 영원히 살려고…

이전에 살던 집 근처의
오피스텔이 입주를
시작했다.

그와 동시에 축 개업 분홍 리본을 두른
개업 화분이 골목에 주르륵 놓였다.

아무도 신경 안 쓸거라
생각하는 게 개업 화분이지만
이런 걸 신경 쓰고 앉은
사람이 있다.

그 사람이 나예요...
(and 전국 식물러들)

이 사람들이 화분을 받았으면
돌보는 척이라도 해야 하는데
놓인 날 이후로 그 누구도
얘네를 돌보지 않았다.

내가 물 줄까??

아, 그래도 내일
비 온다네. 다행...

시간은 흘러 날씨는 추워지는데
아무도 안에 들여주지도 않고
화분들은 나날이 시들어갔다.
(관리인 없는 오피스텔이라
 말할 곳도 없음)

그러다 11월 중순,
다른 애들은 거의 다 죽고
행운목만이 줄기 몇 개를
매달고 겨우 살아 있었다.

나는 욕먹을 각오를 하고 행운목의 줄기를
부러뜨려 코트 안에 숨겨 집에 왔다.

남은 애들은 아니나 다를까
그 주에 전원 사망…

다행히도 집에 훔쳐온
행운목 줄기는 엄청난 속도로
회복되어 몰라보게 커졌다!

순식간에 뿌리 남

반성

아직도 행운목 가지를
훔쳐온 것이 잘했다고는
생각 안 하지만

그 덕분에 그와 나의
인연이 시작되었다.

지정석
냉장고 위

나는 그에게
물과 따뜻한 온도와
있을 곳을 제공하고

그는 나에게
초록과 안식을
선사한다.

행운목이 그날 죽지 않고 내 코트 안에 들어온 것이 나에겐 행운인 셈이다.

나는 사람은
구원할 수 없겠지만,
화분 하나는
구원할 수
있다.
END

# 행운목

20대 초반부터 30대 중반까지, 나는 나의 괴롭고 외로운 내면을 토로하는 그림을 수없이 그렸다. 가감 없이 나에 대한 모든 것을 다 그림에 그리고, 홈페이지에 공개했다.

그런데 실제 내 생활에서는 다른 사람에게 진심을 터놓지 않았다. 오히려 고민을 토로하는 사람이나 우울해하는 친구들을 살뜰히 보살폈다. 잠도 안 자고 채팅으로 끝없이 푸념을 들어주고, 내가 할 수 있는 게 있으면 무조건 다 해줬다.

그걸 아는 사람들은 나에게 착하다고 했지만, 나는 내가 착한 게 아니라는 걸 알고 있었다. 나는 그 사람들의 어려움을 들어주고 그들을 위로하는 데서 나의 쓸모를 느꼈다.

"고마워, 너뿐이야."

"지금까지 날 이렇게 이해해주는 사람은 한 명도 없었어."

그런 말을 들으면 너무 황홀했다. 그리고 더욱 열심히 구원자 노릇에 박차를 가했다.

심지어 연애 생활도 비슷해서 만나는 남자마다 이해해주고 보살펴주려고 그렇게 애를 썼다. "넌 우리 엄마랑 닮았어." 지금이라면 소스라치며 도망갈 멘트를 들어도 그저 뿌듯하고 행복하기만 했다.

그때는 '감정 쓰레기통'이라는 말이, '빨대 꽂는다'라는 표현이 없었다. 그래서 나는 친구들과 이 행위를 '양치기'라고 불렀다. 나는 목자이고, 어린양을 보살핀다는 거다(뭐지, 이 교만함은!). 아니, 보살피는 정도가 아니라 어린양이 없으면 적극적으로 찾는다. 마치 자석에 이끌리듯이 불행한 사람에게 다가간다. 그리고 그가 나를 의지하면 스스로 쓸모를 느끼고 안심한다.

구원자 콤플렉스의 몹쓸 점은 결국 파국으로 끝난다는 것이다. 그 사람과 연애를 하거나 가족이 되어주지 않을 것이라면 이 관계에는 한계가 있다. 그렇게 성심성의껏 위로해주던 사람들과 영원히 좋은 친구가 되었으면 이 얼마나 해피엔딩인가. 하지만 그런 일은 결코 일어나지 않았다.

한번 감정 쓰레기통이 되고 나면 그 노릇에서 벗어나기가 정말 쉽지 않았다. 나에게 주어진 의무처럼 그들의 모든 말을 들어줘야 하고, 모든 어려움을 신경 써줘야 했다. 그들이 내 조언에 귀를 기울이는 시늉이라도 했다면 나는 아직까지 감정 쓰레기통으로 남아 있었을지 모른다. 하지만 그들은 절대 쓰레기통의 말을 듣지 않고 똑같은 실수를 반복하며 점점 더 불행을 향해 나아갔다. 그런 주제에 내가 힘들다고 하면 연락이 뜸해졌다.

그런 것을 몇 달, 또는 몇 년 동안 겪기도 했다. 결국 나도 나가떨어져 그들과 다시는 연락하지 않게 되었다. 차라리 처음부터 선을 넘지 말걸, 하며 후회한 적이 얼마나 많은지 모른다. 실컷 의지하게 해놓고 이젠 너무 힘들다며 나만 쏙 빠져나갔다고 자책했다.

일방적인 관계는 덧없는 것이다. 나를 쓰레기통 취급하는 이가 나에게 좋은 친구로 남을 리 없다. 길에서 주워온 행운목조차 나에게 기쁨과 위안을 주는데, 차라리 식물에 마음을 쏟는 편이 나을 지경이다.

이제 나는 더 이상 어린양을 찾지 않는다. 감정

쓰레기통 노릇도 하지 않는다. 오히려 감정 쓰레기통 노릇을 하던 비슷한 성향의 친구들을 만났다. 그들과는 서로 돌봐주는 것이 가능했다.

이제 나는 목자이면서, 어린양이기도 하다. 나의 쓸모는 나를 가치 있게 여겨주는 사람에게만 의미가 있다. 모호연이 했던 말을 떠올린다. "누군가를 동정할 때는 그 사람이 너를 존중하고 있는지 생각해봐."

투머치.... 개운죽

거부하고 싶은 시대의 아이템들이 있다.

외계인 선글라스

궁디에 '핑크' 적힌 추리닝

꽃 달린 베레모

큐빅 박힌 부엉이 티셔츠

거대한 자아의 벨트

현란한 캡모자

아아... 너무나 투머취...
Too Much

이 초록친구도 나에게 투머치 그 자체였다.

개운죽
LUCKY BAMBOO

開運
열릴 **개** **운**운

- 뜻밖으로 대나무와 전혀 관계가 없다.
- 서아프리카 카메룬이 원산지
- 앞에 나온 행운목과 아주 유사하다.
- 오히려 아스파라거스와 친척?!
- 2m 이상은 안 자란다고 한다.
- 카메룬 향우회 출신 : 행운목, 개운죽
- 대부분 수경으로 키운다. 특히 어항에서 키우면 질산염을 흡수한다고.

아, 좋아

부엉이 티셔츠와 팡크 궁디 추리닝의 시대가 지나고,
개운죽의 투머치한 장식들도 점점 줄어드는 추세다.

외국 인테리어들을 보면
아무 장식 없이 유리병에 툭
담궈놓는데 이게 제일 멋지다.

자연스러운 개운죽 인테리어를 보고
나도 그렇게 하고 싶은데
의외로 낱개로 파는 곳이 잘 없었다.

이거 말고..

그러다 한 생활용품점에서
드디어 낱개로 파는 개운죽을 발견했다.

우산꽂이?

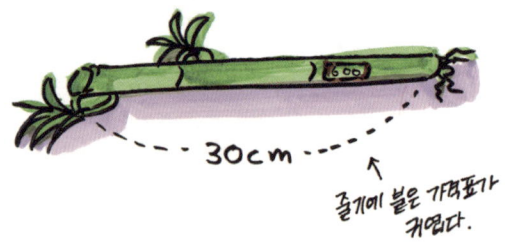
줄기에 붙은 가격표가 귀엽다.

별로일 수도 있으니
2개만 사서
집에 왔다.

(인터넷에도
10개 묶음으로
많이들 판다)

집에 와서는
그걸 또 잘라봤다.

자를 수 있으니까

흥미 위주로 인생 사는 편

마디가 아닌 부분을 칼로 절단해주고
절단면을 촛농이나 글루건으로
보호해주면 된다.

개운죽은 상처에 엄청 취약하다고.

물에 담궈놓으면
이제 알아서 잘 산다.

싹이 나올 때
그 부분이 살짝
뽀쪽해지는데
손으로 만져
찾을 수 없다.

천천히 자라는 것을
함께하기만 하면 된다.

재밌음

요즘 나팔바지와 볼레로 유행이
다시 돌아오는 것처럼

투머치 꺼운죽도
다시 돌아오게 될까?

Nooooooo ……

인간친구와 달리
초록친구는 그 어떤 장식도 필요하지 않다.

JUST
초록… 그것만이 진리…

 개운죽

사람들은 흔히 선물로 무엇을 많이 줄까? 케이크나 쿠키처럼 달달한 디저트, 부담 없이 바를 수 있는 핸드크림, 누구에게나 필요한 립밤 같은 게 떠오른다. 꽃도 특별한 날에 선물로 많이 준다. 꽃이 오래 안 가 아쉽다고 생각하는 사람들은 화분을 선물로 준다.

화분을 받으면 감사하지만 조금 난처하다. 이놈의 식물을 내가 또 키워야 한다니! 난 이미 함께 사는 초록친구들로도 충분한데!

개운죽 역시 사람들이 선물로 많이 주고받는 식물 중 하나다. 수경으로 키우기 쉽고, 잘 죽지도 않아서 그럴 것이다. 본문에 나온 것처럼 '화분꾸'가 가능한 식물이라서도 있다.

개운죽은 한문으로 '운을 틔운다'라는 뜻이고 영어로는 'lucky bamboo'다. 이름에서부터 벌써 이

식물을 많이 팔아보겠다는 각오가 느껴진다. 솔직히 꽃집에 있는 식물 중 아무거나 골라잡아도 다 행운을 준다고 말할 거다. 불행을 주는 식물 따위 꽃집에 들여놓을 리 없기 때문이다.

사실 나는 화분이든 뭐든 남에게 선물을 받는 걸 즐기진 않는다. 선물을 받으면 기쁜 마음과 더불어 마음속에 빚이 생기는 기분이다. 어쩐지 이 빚을 빨리 갚아야 할 것 같다. 그 사람을 보면 머리 위에 -3만 원이 떠 있는 느낌이랄까? 만약 이 사람이 내가 선물해서 빚을 갚기 전에 또다시 선물을 준다면? 두 사람 사이의 '선물 빚'의 균형은 깨지고 말 것이다. 하지만 그런 부담을 덜 느끼는 관계도 분명 있다.

생일 때만 연락하고 선물을 주고받는 친구 K가 있다. K와 안 지는 10년이 넘었다. 그런데 실제로 얼굴을 보고 만난 건 열 번이 채 안 된다. 나와 K는 인터넷 커뮤니티에서 만나 친해진 후 채팅으로 관계를 이어왔다. 근 5년 안에는 그마저 끊긴 지도 꽤 됐다. 그런데 내 생일 즈음이 되면 집으로 선물이 배달되어 온다. 선물을 열어보면 놀랍게도 내 취향에 딱 맞는 물건이 들어 있다. 내 취향에 딱 맞지만 내 돈 주고는 사기 아까울, 그렇지만 너무 비싸지도 않아서 부담스럽지도 않은 완벽한 선물 말이다.

처음엔 선물이 조금 부담스럽기도 했다. 안 주고 안 받는 것이 최고인 줄 알았다. 내 선물이 맘에 안 들면 어떡하지? 친구가 준 선물과 가격의 균형이 너무 맞지 않으면 어떡하지? 별생각을 다 했다. 하지만 내가 받은 멋진 선물을 제대로 갚아줘야 한다(이건 선물이 아니라 일종의 복수인가?). 보자, K에게 대체 뭘 주면 완벽한 선물이 될까? 내가 더 멋진 선물을 줘야 하는데!

우린 마치 선물로 생존신고를 하는 것 같다. 나는 아직 너를 친구로 여기고 있다고, 너의 생일을 잊지 않고 있다고 알려주는 거다. 이 선물 복수가 언제까지 이어질까? 잘 모르겠지만 어쩌면 평생을 갈지도 모르겠다는 생각이 든다.

그러고 보면 그게 선물을 주는 이유인 것 같다. 나는 이 물건을 보며 너를 생각했다는.

그렇다면 선물을 받는다고 꼭 철저히 갚아줄 필요가 없을지도 모른다. 가끔 어떤 호의는 돌려주지 않아도 괜찮다. 아니, 돌려주지 않기 때문에 관계가 이어지는 걸 수도 있다.

…그래도 개운죽은 선물로 안 들어왔으면 좋겠다.

완벽한, 아레카 야자

나는 늘 완벽한 사람이 되고 싶었다.

올바르고

유머 있고

지적이고

이해심 많고

일도 잘 하고

사람들에게 잘 맞춰주고

그러면서도 나의 개성은 뚜렷하고

까다롭지 않지만 무시할 수 없는 사람...

물론 애당초 가능한 것이 아니었다.

신이 되고자 했는가..

완벽한 사람이 되기는커녕
완벽한 사람으로 보이지 못했다며
나 자신을 괴롭히고,
떠로는 아예 인간 자체를 피했다.

가만히 있으면 아무 티플도 없잖지..

지금은 안다.
이 세상에
그런 사람은
없다는 것을.

그런데...

그런 완벽한
초록친구는 있다.

흣...

아름답고,

단단하고,

누가
키워도
잘 자라고,

사람들에게
인정받고,

나사에서 뽑은 공기정화식물!

성과(새잎)도
쑥쑥 내는. 초록친구계의 완벽한 친구.

아레카 야자
ARECA PALM

- 마다가스카르가 원산지
- 야생에선 10m 이상도 자란다
- 수경재배 가능
- 예전엔 멸종위기종이었다고 하는데 지금은 전 세계적으로 대성공 ☆
- 나사가 뽑은 공기정화식물 1위의 위엄
- 의외로 천천히 자란다.
- 열매는 쓰고 톡 쏘는 맛으로, 원산지에서는 담뱃잎과 함께 질겅질겅 씹기도 하는 듯 ㅋㅋ
- 줄기가 황금빛을 띤다

아레카야자를 처음 들인 건 5년 전 부천의
한 생활용품점에서다.

"생활용품점은 꽃집보다
식물 상태는 안 좋지만
눈치는 안 보여 좋다."

딱 봐도 상태 안 좋은
놈이데 떨이로 8천 원에
팔길래 얼른 업어왔다.

별로 신경도 안 썼는데
쑥쑥 자라 2년 만에
화분 3개로 분가시켰다.

ㄴ수경

너무 예뻐서
작은 테이블야자도
샀다.

수경   얘도 수경

이러니 아레카야자는
나에게 완벽한 초록친구
일 수 밖에 없었다.

버글 버글

완벽   잘 커   SO EASY   SO 건강

그래서 이제
알겠다.

나는 완벽한
사람은 될 수 없다.

하지만 누군가와
서로서로 맞춰가며
'완벽함에 가까운
친구'는 될 수 있다.

아레카야자와 나처럼 말이다.

 **아레카야자**

완벽한 사람이란 뭘까?

이번 에피소드를 만들면서 계속 한 생각이다.

나는 '완벽한 사람'이 되는 것에 집착했다. 10대 때를 떠올려보면 어떻게든 '착한 아이'라는 평가를 받고 싶어 애를 썼다. 남의 부탁은 절대 거절하지 못했고, 친구들에게 싫은 소리도 절대 못 했다.

그런데 생각해보면 나는 객관적으로 착한 아이가 아니었다. 내가 착하다는 평가를 받고 싶은 것은 어디까지나 같은 또래집단에서였지, 선생님이나 부모님에게 그렇게 보이고 싶은 것은 아니었다. 그러니까 부모님과 선생님에게는 공부하는 척을 하며 속이고 급식비도 삥땅 쳤지만, 같은 반 아이들에게는 착해서 인기가 많은 그런 아이가 되고 싶었던 거다.

20대 때는 '군자'가 되고 싶었다. 나에게 군자란

고고한 이상과 자기세계를 가졌으나 높은 사회성으로 남들에게 추앙을 받는 그런 인물이었다. 10대 때 원하던 착하고 인기 많은 아이에서, 자기세계를 가지고 유식한데 고고하고 인기 많은 사람을 추구하게 된 것이다.

그러고 보면 나는 나 자신으로서 완벽한 사람이 되려고 한 것이 아니라, 남에게 완벽한 사람으로 보이고 싶었던 것 같다. 하지만 내가 원한 '완벽함'은 절대 혼자서 도달할 수 있는 것이 아니었다. 나를 그렇게 봐주는 사람이 있어야 성립할 수 있었다. 게다가 다른 사람이 생각하는 완벽함의 기준은 얼마든지 나와 다를 수 있었다.

결국 나는 절대 남과 분리해 나 자신만을 두고 평가하고 생각할 수 있는 존재가 아니었다. 아레카야자가 나에게만 완벽했던 것처럼 말이다. 나는 누군가에게 대단히 멋진 사람일 수도 있고, 반대로 누군가에겐 더없이 결함 많은 사람일 수도 있다. 이는 내가 통제할 수 있는 것이 아니다.

이 사실을 알고 나니, 이제는 후련하다.

안 괜찮은 박쥐란

이런 사람들이 있다.

자기가 먼저 괜찮다 괜찮다 하니까
정말 내버려둬도 괜찮아 보인다.

하지만 그렇지 않다.

"난 괜찮아"

"해가 없어서 배고프지만 뭐..."

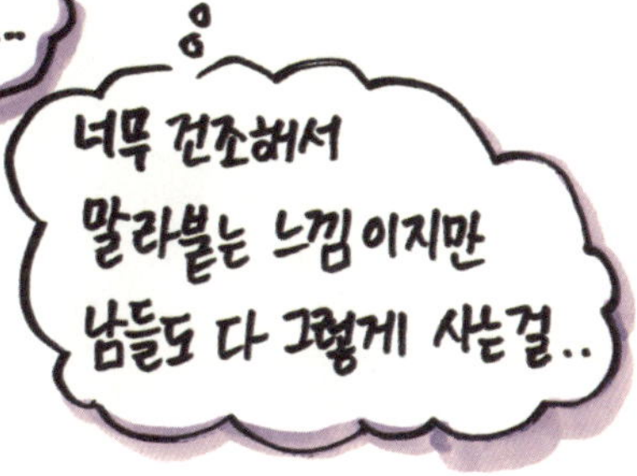

"너무 건조해서 말라붙는 느낌이지만 남들도 다 그렇게 사는걸.."

이런 이들은 자신이 사실은 섬세하고 까다롭다는 것을 드러내지 않는다.

"괜..찮.."

깨꼬닥

그냥
멋있게 살다가
↳ 멋있어 보이게
조용히 죽을 뿐이다.

박쥐란, 그는 인테리어에서
빼놓을 수 없는 초록친구다.

특히 3-4년 전에
엄청나게 유행했다.
그런데 요즘은 왠지
인테리어 사진에서
잘 안 보인다.

종로의 모 서점 지하에 있던
초대형 박쥐란도 6개월이
안 되어 저 세상으로 떠났다.

당연하다.

마치 조화같이
인테리어 요소처럼 보이지만
실은 섬세한 생명체다.

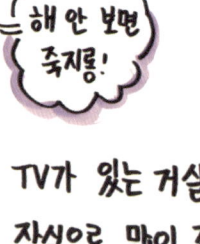

TV가 있는 거실 벽에
장식으로 많이 걸어
놓는데, 이런 공간은
분무를 해주기 어렵기
때문에 또 죽는다.

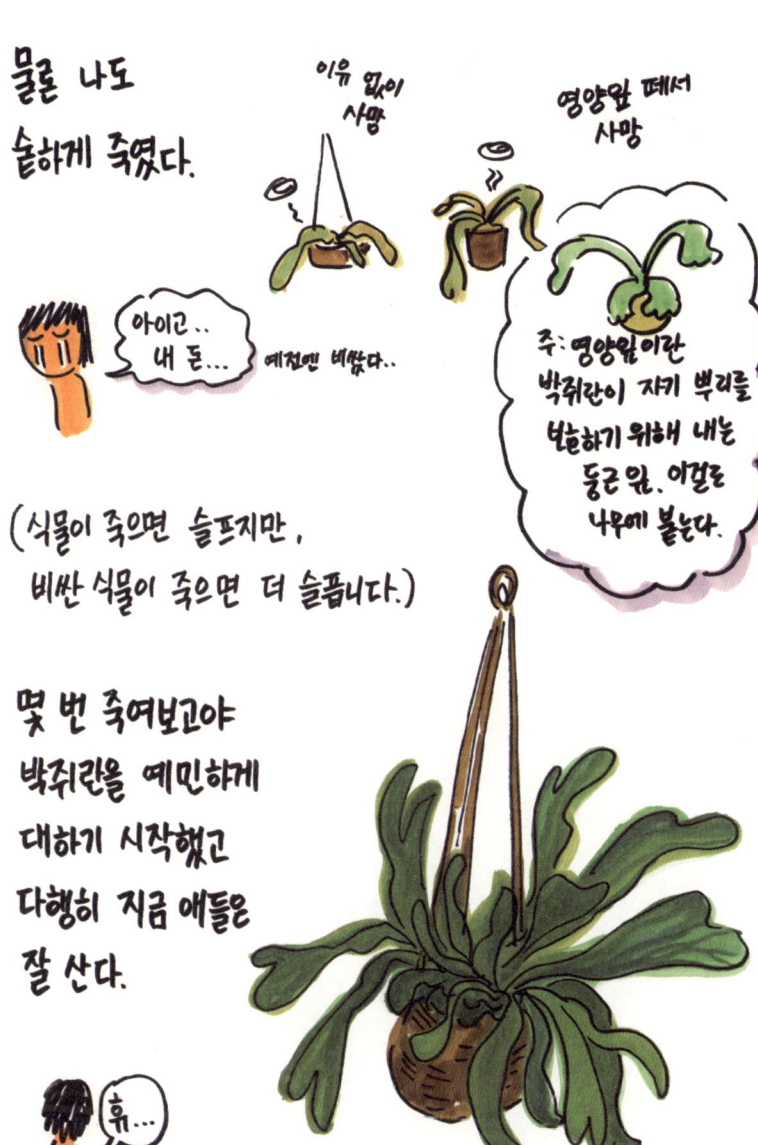

박쥐란은 해를 잘 보여주면 의외로 건조한 건 잘 버텐다. 〈고향이 호주니께〉

살짝 들어봐서 바삭하고(2) 가벼워졌을 때 저면관수로 충분히 물을 먹게 하면 된다.

당연히 통풍도 잘 되어야 한다.
그리고 분무도..
그리고 햇빛도...

그리고 영양제도....
그리고 관심도....

그러면 박쥐란은 괜찮게 사는 게 아니라 아주 잘 산다.

괜찮아 괜찮아 하는 이가
"괜찮아" 하는 걸
그대로 믿으면
안 된다.

이들이 말하는 "괜찮아"는

"좋아"가 아니라

"참을 수 있어"이기 때문이다. END

박쥐란

"난 다 괜찮아."

이 말을 입에 달고 사는 사람들이 있다.

이들은 까다롭지 않다. 예민하지도 않아 보인다. 늘 무던하다는 평을 듣는다. 뭘 먹고 싶으냐고 해도 "난 다 괜찮아"라고 한다. 어딜 가고 싶으냐고 해도 "어디든 괜찮아"라고 한다. 그러니 이런 이들과 있으면 편안하다. 특별히 챙겨줄 것도 없어 보인다. 하지만 가끔 시간을 돌이켜보면 나만 괜찮았던 게 아닐까, 의심이 들 때가 있다.

이들은 마음이 문드러져도 밖으로 드러내지 않는다. 박쥐란이 시들어가면서도 티를 내지 않는 것처럼 말이다. 요즘 어떻게 지내냐는 질문에 "남들 사는 거랑 똑같지 뭐. 그냥 그래"라고 한다. 분명 무슨 일이 있는 것 같은데, 물어보면 또 괜찮다고 한다.

하지만 정말 괜찮은 걸까?

그렇지 않은 경우가 더 많다. 이들이 말하는 '괜찮다'는 '좋다'는 뜻이 아니다. 지금 행복하다는 뜻도 아니다. 불편하지만 그래도 견딜 수 있다는 뜻이다. 그리고 이들은 힘들어하는 모습을 타인에게 보이는 것이, 솔직하게 말하는 것보다 불편하다고 느낀다.

어떤 사람들은 너무나 섬세해서 오히려 섬세한 마음을 능숙하게 감춘다. 자기의 예민함에 진저리를 치며, 겉으로는 무던한 사람처럼 보이려고 애쓴다. 괜찮다는 말을 자신의 예민함을 가리는 도구로 사용한다. 괜찮지 않아도 되는 순간은 오로지 혼자 있을 때뿐이다. 그래서 그는 혼자 있을 때 가장 편안하다. 타인을 배려하지 않아도 되기 때문이다.

하지만 관심을 가지고 들여다보면 알 수 있는 것들이 있다. 그들도 취향이 있고 호불호가 있다. 남들처럼 쩌렁쩌렁 외치지는 않지만, 자세히 보면 티가 난다. 헷갈릴 때는 말 대신 표정을 살핀다. 인간은 싫어하는 것을 생각하면 본능적으로 입가가 경직되고 미간이 찌푸려진다. 아주 미세한 움직임도 자꾸 보다 보면 알아챌 수 있다(지금 쓰면서도 걱정이다. 그들이 앞으로 나에게 얼굴 표정도 관리하려고 할까 봐). 정말 좋으면 "괜찮아"라고 말하지 않고 "좋아"라고 답한다. 그럴 때는 눈썹과 광대뼈가 올라가고 눈꼬리가 둥글게 휜다. 목소리 톤도 조금 올라간다.

나는 조금 집요한 편이어서 괜찮다는 사람을 내버려두지 못한다.

"괜찮다는 게 좋다는 건 아니지?"

"그래서 이게 행복하다는 건 아니지?"

"최고로 좋다는 건 아니지?"

사람 귀찮게 꼬치꼬치 물어본다. 그리고 대답을 들으면 꼭 그에 따른다. 그들이 진심으로 좋고 싫음을 드러내는 것은 흔치 않은 일이니 반드시 들어줘야 한다. 솔직함을 드러낼 때 긍정적인 보상이 있어야 앞으로도 용기를 내볼 수 있다. 늘 괜찮다고만 하던 사람이 나에게 무엇이 싫다 좋다, 솔직하게 말하는 게 좋다. 심지어 좀 짜릿하기까지 하다.

좋다고 해도 괜찮다. 싫다고 해도 괜찮다.

하지만 괜찮은 것이 언제나 괜찮은 것은 아니다.

호야처럼 시간이 필요한

반응이 좀 느린
사람이 있다.

그에게 뭘 물어보면
대답 듣는데 한참 걸린다.

툭

너 하루에 물 얼마나 마셔?

. . . .

음?!

뭐 이리 대답이 오래 걸려.

.... 생각하고 있었어

호야는 스킨답서스, 몬스테라 같은 덩글식물이다.

그래서 쑥쑥 잘 클 것 같은 느낌이지만,

이건 뭐, 조화인가? 싶을 정도로 변화가 별로 없다.

같은 덩글식물이지만 다른 시간을 살아가는 호야...

그래서 그런지
내가 호야를 언제 어떻게
들여온 건지도 기억이 안 난다.

그냥.. 언젠가부터?

쑥쑥 잘 크는 건 아니지만
보기도 예쁘고 건강해서
키우는 것에 문제는 없었는데...

꼬들 꼬물

어느 날 갑자기 벌레 천지가 된 것을
발견해버렸다!!!

흐익

당황한 나는 당시 살던 집
화단에 화분째로
호야를 유기했다.

능소화

1m 정도 되는 화단

응
뒷일은 모르겠고
일단 밖에 내놓자...

그렇게 나는 버려진 호야를
잊고 있었는데,
뜨거운 여름과 장마가
지나간 후 .....

아니, 이게 웬일이야!

죽기는커녕,
엄청 커지고 예뻐져버린
것이다!

무슨 전지훈련 갔다온 느낌

돌아가자!

그렇게 다시 집으로 돌아온
호야는 수경으로 전환되었고
(아직 벌레 있던 상태)
지금은 적당히 잘 사는 중이다.

건조하게 키워야 하는
놈이 왜 아예 물에 꽂아
버리면 잘 사는지 미스테리
....

친구·엄마한테 분양가고 남은 놈

잘 크면 별이 가득 모인 공 모양의
꽃도 핀다던데 우리집 애는
아닐 것 같다......

어떤 사람에게는 시간이 많이 필요하다.
호야에게도 많은 시간이 필요하다.
호야는, 호야만의 시간의 흐름이 있다. END

 호야

　어떤 사람은 톡을 보내면 읽지를 않는다. '1'이 영원히 사라지지 않는다. 분명히 미리보기로 봤을 텐데도 답장이 없다. 무슨 일이 있나, 내가 뭔 말을 이상하게 했나, 나를 싫어하는 걸까, 별생각이 다 든다. 바쁜 거겠지, 하고 대수롭지 않게 생각하려고 하지만 기분은 은근 좋지 않다. 나중에 우연히 만나서 왜 톡 확인 안 했느냐고 물어보면 못 봤다고 한다.

　이런 유형은 여러 가지다. 첫 번째로는 진짜 바빠서 못 본 사람이다. 대화창이 너무 많고 빨리 올라가서 아래에 있는 알림을 확인 못 하는 거다. 읽지 않은 메일이 2,034개, 읽지 않은 메시지가 403개, 읽지 않은 톡이 893개다. 거기에 1이 더해진다고 해서 새로운 메시지가 왔구나, 하고 알 수 있을 리 없다.

　두 번째로는 미리보기로 보고도 대답을 안 한 사람이다.

이 사람은 일하다가 톡 하나 보내고, 다시 다른 일 하고, 이런 게 잘 안 되는 사람이다. 자기가 집중해서 답장할 수 있을 때가 아니면 톡을 안 본다(물론 이러다가 그냥 잊어버리는 경우가 대부분이다).

세 번째로는 진짜 별로 안 좋아해서, 멀리하고 싶어서 톡 확인을 안 하는 사람이다. 톡을 보낸 사람이 한 시간에 한 번씩 톡을 하거나 매일 자기 얘기만 늘어놓는 탓에 대꾸해주기 지친 걸 수도 있다. 이런 경우 그냥 관계를 끊어버리는 것은 너무 힘들기 때문에 메시지를 확인하는 텀을 늘리면서 서서히 멀어지는 것을 택하기도 한다.

사실 나는 두 번째 유형의 사람이다. 나는 톡에 답장을 해주는 게 쉽지 않다. 나에게 톡이라는 것은 실제 사람과 얘기하거나 전화하는 것과 똑같다. 그래서 가볍게 얼른 답장해주기가 어렵다. 특히 내 상황이 복잡하거나 해결해야 할 일이 있을 때는 이 작은 일도 부담스럽다. 그래서 좀 정리되면 답장해야지, 하고 생각하다가 영원히 잊어버리거나, 아님 매일 답장해야지, 생각하면서도 이제야 답장한다는 게 미안해서 또 미루곤 한다(그냥 스티커 하나 보냈으면 진작 해결되었을 일을…).

나의 이런 행태 때문에 친구가 될 뻔힌 많은 사람을

잃었다. 톡 하나 보내면 답장이 이틀 후에 오는데, 당연하다.

그런데 이런 나와 맞는 사람들이 있었다. 연락이 끊어져 분명 나에게 화가 났을 거라 생각했는데, 만나면 아무 일도 없었던 것처럼 어색하지 않았다. 마치 내가 밖에 내놨지만 더 잘 자란 호야같이 말이다. 연락이 없었던 것을 따져 묻지도 않았다.

"아, 왜 톡을 확인을 안 하냐." 나중에 내가 먼저 연락을 해보고 알았다. 아, 이 녀석들 나 같은 사람들이구나! 그래서 날 이해해준 거였어!

초록친구는 언제나
나를 기다리고 있으니
말이다.

"제 손에만 오면 식물이 죽어요."

"맨날 죽여서 식물 못 키우겠어요."

많은 사람이 하는 말이다.

나도 참 많은 초록친구를 죽였다. 오죽하면 초록친구의 원래 제목이 '나는 식물 연쇄살인마'였을까.

식물이 죽는 이유는 제각기 달랐다. 물 안 줘서 죽고, 물 많이 줘서 죽고, 햇빛 못 봐서 죽고, 햇빛 너무 봐서 타 죽고, 비료 안 줘서 죽고, 비료 너무 많이 줘서 죽고….

생각해보면 당연하다. 우리에게 식물은 하나의 거대한 카테고리로 보인다. 움직이지 않고, 초록색이고, 햇빛과 물이 필요하다는 것만으로 모두 비슷한 생명체라고 여기게 된다. 사실 그것은 인간과 바퀴벌레를 동물이라는 하나의 카테고리로 묶는 것과 같다. 한국 사람조차도 각자 체질이 다르고, 사는 방식이 다르지 않던가. 식물도 마찬가지다. 저마다 알맞은 환경이 있고, 적응해온 방식도 다르다. 한국 땅에서 잘만 자라는 소나무 같은 경우에도, 집 안에서 화분으로 키우면 금방 죽는다. 식물에겐 '어디에 있는가'가 너무 중요한 문제다.

식물을 파는 사람이라고 모두 전문가는 아니다. 어떤 꽃집들은 식물을 그저 하나의 상품으로만 여긴다. 대형 꽃시장에 가면 더욱 그렇다. 이름도 제대로 모르거나, 키우는 법을 물어보면 어느 것이나 일주일에 한 번 물을 주면 된다고 한다. 화분을 가만히 들여다보고 있으면 무조건 키우기 쉽다고 어필한다.

어쩌다 잘 모르는 식물을 데려와도 보통 한 달은 어영부영 살 수 있다. 식물 안에 저장된 햇빛과 수분, 영양으로 버티는 거다. 한 달이 지나면 그때부터는 내가 알아서 초록친구의 여생을 책임져야 한다.

수많은 초록친구를 죽이면서 빅데이터가 쌓였다. 일단 물은 시간을 정해놓고 주면 안 된다. 화분의 흙을 만져봐서 건조하면 그때 밑으로 물이 나올 만큼 듬뿍 준다. 햇빛이 부족하다면 식물등을 사서 켜준다. 흙 위에 하얀 곰팡이가 피는 것은 통풍이 안 되는 것이므로 선풍기를 틀어준다. 결국 초록친구 하나하나마다 다른 관심을 줘야 한다.

사실 그래서 요즘은 더 이상 초록친구를 들이지 않고 있다. 지금 집에 있는 화분은 수경을 포함해 30개 정도다. 이들을 돌보는 것도 벅차다. 게다가 이들도 조각상처럼 그 모습 그대로 있는 게 아니라 점점 커진다. 그럴수록 집은 더 좁아진다. 새로운 식물을 들이고 싶어도 꾹 참는다. 놓을 곳이 없기 때문이다. 새로운 식물이 들어오려면 지금 함께 있는 누군가를 떠나보내야 한다.

생각해보니 친구 관계도 그렇다. 새로운 친구를 사귀는 것은 쉽지 않다. 이미 있는 친구와 사교하기에도 벅차다. 이미 있는 친구와 멀어진다면 새로운 친구를 사귈 마음의 공간이 생길까?

내 마음의 집이 좀 더 커진다면 어떨까. 그럼 들어올 수 있는 친구도 더 많아질 것이다. 마치 더 넓은 집으로 이사 가서 더 많은 초록친구를 들이는 것처럼 말이다. 언젠가는 그런 날도 있을 것이다.

조급해할 필요 없다. 초록친구는 언제나 나를 기다리고 있으니 말이다.

나의 첫 초록친구였던 뱅갈고무나무. 언제 죽었더라.. (기억도 안 남)

꽃에 반해 키우다가 꽃이 지자 관심꺼버린 철쭉.(죄송)

유칼립투스는 그냥 내가 사는 것 자체가 잘못이다 ...

동백도 이때까지 서너마리 죽인듯. (죄송)

작가의 말

　『초록친구』는 2019년부터 2020년까지 '일간
매일마감'에 연재했다. 만화를 그린 후 시간이 꽤 지난
터라 본문에 등장한 초록친구들 중에 많은 수가 세상을
떠났다. 네펜데스, 장미, 몬스테라, 개운죽, 스킨답서스,
고구마, 산세베리아의 명복을 빈다.

　다행히 아직도 잘 자라고 있는 초록친구들도 있다.
고무나무는 둘로 증식했고 여인초는 2미터가 훨씬 넘게
자랐다. 아레카야자는 햇빛에 잎이 탔지만 그럭저럭
잘 지내고 있다. 박쥐란은 화분 3개로 증식해 매일매일
성장하고 있다. 「우리 집의 식물 로그」에만 잠깐 등장한
떡갈고무나무는 잎 한 장을 물꽂이 한 것으로 시작해
지금 160센티미터에 육박한다. 이후 들인 벤자민고무나무
역시 3,000원짜리 미니 화분으로 시작해 지금은 4배
이상 자랐다.

　초록친구의 수는 줄었지만 하나하나가 중대형으로
커졌다. 그만큼 애착과 부담도 함께 늘었다. 몇 년

전부터는 집에 새로운 초록친구를 일절 들이지 않고 있다. 누가 준다고 해도 거절하고 잎꽂이, 물꽂이 등 번식도 아예 하지 않고 있다. 집은 좁은데 식물이 점점 커져가니 화분을 모두 집 안에 들여야만 하는 겨울에는 당혹스러운 기분마저 든다.

'쟤네를 좀 내다 팔까?' 하는 생각도 안 해본 게 아니다. '천장에 닿는 여인초라니 이건 20만 원이다.', '박쥐란이 이렇게 풍성하면 5만 원은 받아야 하는데.' 같은 자본주의적 생각도 꽤 자주 한다. 그런데 결국 단 하나도 팔지 못했다. 딱히 엄청나게 사랑하는 것도 아닌데 왜 그런지는 모르겠다. 역시 '친구'인 게 분명하다. 존재하는 것만으로도 안심이 되는 거다.

초록친구들이 나를 먼저 버리지만 않는다면 나도 이들과 계속 함께할 것이다. 이 기록이 한 권의 책이 되어 나올 수 있어 기쁘다. 『초록친구』를 멋지게 책으로 만들어준 비아북에게 감사한다. 이 책을 읽어주신 당신에게도 감사를 보낸다. 모두 초록하세요!

2025년 9월, 이다 씀.

이다의 식물 돌보는 법

계절에 맞춰 식물 돌보기

봄
- 일교차 주의
- 건조함 주의
- 분갈이 제철!

식물을 방에 두고 분무를 해주면 식물과 인간 둘다 HAPPY!

- 물 자주 주기
  - 사정이 된다면 빗물을 받아 주면 최고
- ★ 물은 저녁이나 이른 아침에 주기
  - (대낮 절대 NO! 흙 안의 온도가 올라 식물이 다침)

여름

"내가 열대식물 이지만 아점 좀..."

- 너무 지나친 직사광선 피하기
  - (열대출신인 애들은 우거진 정글에서 자랐기 때문에 그늘에서 더 잘 큼)
- 지나친 더위 피하기
  - 36°C 이상이면 열대식물도 지침.
  - (그늘로 옮겨 주기)
- 분갈이 금지
- 에어콘 앞에 두지 말기
  - (시들시들해짐)

가을

- 분갈이 OK
- 건조함, 일교차 주의

겨울

"휴, 살았다."

- 열대식물 실내로 들이기 (영상 10도 이하일 때)
  - 열대식물은 영하 노출 되면 99% 사망
- 그러나 동백같은 온대식물은 추위에 노출해줘야 꽃이 핌
- 그래도 지나친 추위 NONO! 비닐로 화분 싸줘도 괜춘
- 물 적게 주기
  - (거의 2주 텀으로 늘려도 됨)
- 분갈이 금지

≡ 물은 천천히 줍시다
샤워기 ✗

우리집의 식물로그

아레카야자
난이도 ★★

직사광선 ✗
밝은곳 ○
추운곳 ✗
분무 ○

물: 겉흙이 말랐을때
번식: 포기 나누기

산세베리아
난이도 ★★

번식:
밑둥을 잘라 건조한 곳에 말려 물꽂이

→ 생장점을 자르면 더이상 자라지 않음

건조 ○
물 자주 ✗
따뜻한곳 ○
햇빛 ○
수경 ○

녹보수
난이도 ★★★

추운곳 ✗ (잎떨어짐)
직사광선 ✗
반그늘 ○ 오전햇살 ○
과습 ✗✗✗✗

물은 겉흙이 말랐을 때
듬뿍 (건조해도 안 되고
　　　습해도 안 되고)

물주기 상식
미리 받아놓은 수돗물
너무 차지 않게

알로카시아 난이도 ★★★

독!
과습 ×××
분무 ○○
그늘 ×
추위 ×
수경 OK

잘 죽어요

뿌리에 절대 물 닿지 않게

스킨답서스
난이도 ☆

쑈이지
아무데나 ○
촉촉하게 ○
분무 ○
수경 ○

몬스테라 난이도 ★

연차가 오래 되고 클수록 찢어진 잎이 잘 나옴

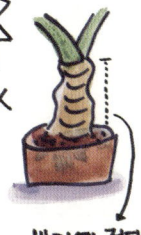

* 빛이 너무 없으면 웃자람
* 직사광선에선 잎이 탐

수경 ○○○
(매우 잘자람)
적당한 햇빛 ○
어두운곳 ×
건조 × 분무 ○
직사광선 ××

공중뿌리→
공중뿌리가 나온 줄기를 잘라 물에 꽂으면 번식 OK

극락조 난이도 ★★

햇빛 O
분무 O
잎 닦기 O
흙 표면이
말랐을 때
물 듬뿍 O
겨울엔
건조하게 O

과습 XXX 건조 X
직사광선 XX 반그늘 O
　　　추위 X 분무 O

과습주의

건조주의

어쩌라고

**디펜바키아
-마리안느**
난이도 ★★

난이도 ★ **개운죽**
수경 OOO
직사광선 X
통풍 O 건조 X

마디를 잘라서
번식할 때는
밑둥 윗부분
촛농으로 막기

물꽂이 O

신비디움 난이도 ★★ 따뜻하게 O
과습 X 햇빛 O 통풍 O
물줄 때 흙에만 닿게

겨울에
꽃 핌

겉의 바크를
걷어 보아
말랐을 때
물 듬뿍

*바크:
소나무 껍질

떡갈고무나무

크게 자라니 화분 큰 것으로
과습 X 수경 O 분무 별로...
직사광선 X 반음지 X
추위 X 잎 닦기 O

난이도 ★☆

박쥐란

난이도 ★★★

추위 X 건조 X
직사광선 X 어두운 곳 X 반양지 O
배수가 잘되는 흙으로. 분무 O
오래된 잎은 자르기

추위 X
창가의 가장 밝은 곳 O
겨울엔 건조하게.
물꽂이 O
겉흙이
말랐을 때
듬뿍

크로톤

난이도 ★★

홍콩야자

독

난이도 ★★ 꺾꽂이 O 수경 O 분무 O
추위 X 건조 X 반양지 O 반음지 O

고무나무 난이도 ★☆

잎이나 줄기를 자를 때 수액이 나옴 (라텍스) 잘 안 떨어지니 안 묻게 주의

건조× 축축○ 분무○
통풍○ 잎닦기○
반양지○ 반그늘○
물꽂이○ 잎꽂이○

행운목 난이도 ★

수경○ 고온다습○
분무○ 추위×
직사광선×

아비스

이름 까먹고…
시들시들

산호수 난이도 ★★

직사광선×
그늘×
햇빛○
잎분무○
건조×

번식: 가지를 잘라 한시간 물에 꽂아 물 올린 후 흙에 심기 (또는 그늘에 눕)

장미 직광○ 건조○ 물○ 바람○ 비료○ 과습××

난이도 (실내)
★★★★★
★★★★★

난이도 (밖)
★★★

밖에선 그렇게 맨 땅에서 잘 자라던 놈들이 집에 들어오면 3달을 못 감. 물을 좋아하는데 건조해야 되고 빛도 완전 쨍쨍해야 되고 절레절레

번식 : 가지를 잘라 흙에 꽂으면 뿌리가 남...!

고구마 수경○ 그늘○ 햇빛○ 추위××

난이도 : ★ ← 1개도 아까움
SO EASY 정도도 아님
근데 수명은 길지 않음!
↳수경시

순을 먹을 수도 있다!

물 더러워지지 않게 자주 갈아주기
수돗물× 정수물×
받아놓은지 4시간 이상 수돗물○

잘 부러짐 주의↓

수경 안 됨

여인초 극락조랑 거의 차이없음

난이도 ★★★ 햇빛○ 분무○ 과습×

↳잎이 터무니없이 길게 자라면 줄기 부러짐
지지대 대주기○

네펜데스

온도 주의

직광 X
물 O
습도 OOO
분무 OOO
추위 X
↓
한 마디로 '정글' 같은 환경에서 키우면 됨

그렇다고 물을 막 퍼주면 안됨
실내공기가 습해야 됨!!

난이도 ★★★
(오래 키우기 힘들음)

수국 난이도 ★★

빛 O 물 OOO
과습 X 반그늘 O

의외로 키우기 쉬움.
꽃도 엄청 오래감.
꽃 지면 꽃대 잘라주기
& 겨울에 0°C 정도
추위 노출 시키기
해야 내년에도
꽃 핌!

시든꽃 잘라주면 다른게 또 핌

호야 난이도 ★★

따뜻 O
그늘 O
과습 X
X X X
건조 OOO
근데 수경은 OK
줄기 잘라 번식 가능
← 물이나 흙

가을~겨울엔 죽었나 싶을때 물 한번 주면 됨

소철 난이도 ★★★★

햇빛 O 건조 OO
과습 X X X X X
추위 X
← 하도 죽여서 이제 안기름 ·· 흑흑

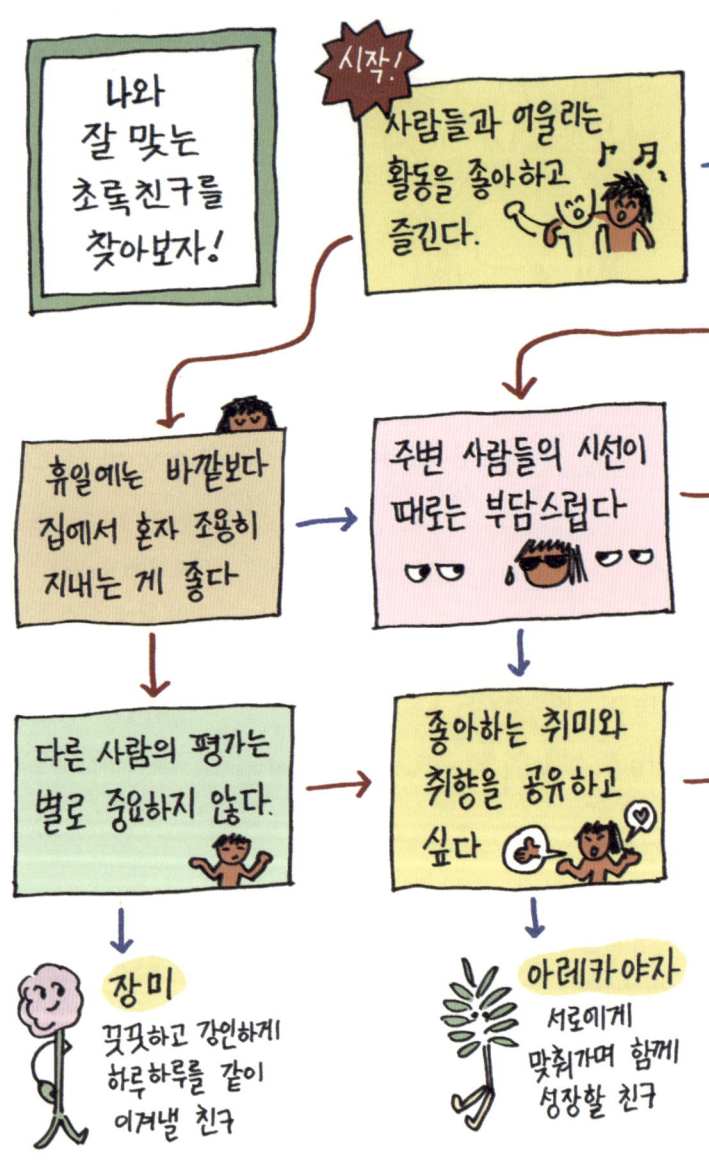

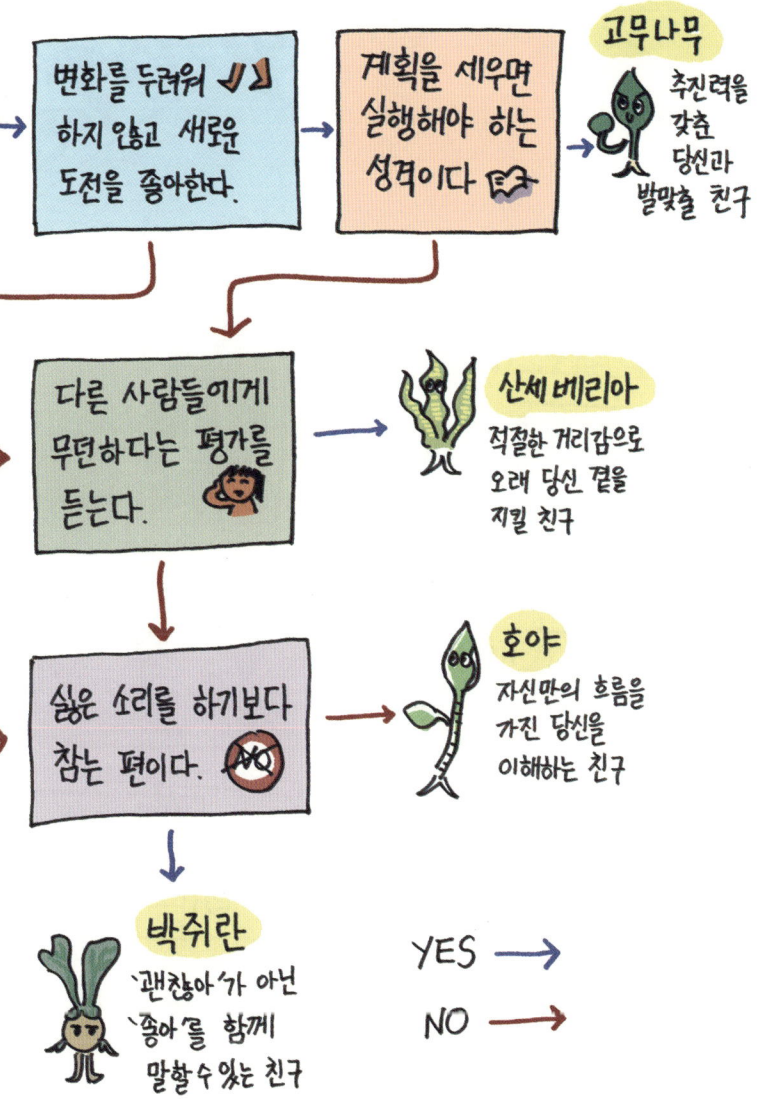

초록친구

이다 글·그림

초판 1쇄 발행일 2025년 9월 29일

발행인 | 한상준
편집 | 김민정·손지원·최정휴·김영범
디자인 | 문지현·김경희
마케팅 | 이상민·주영상
관리 | 양은진

발행처 | 비아북(ViaBook Publisher)
출판등록 | 제313-2007-218호(2007년 11월 2일)
주소 | 서울시 마포구 토정로 222 한국출판콘텐츠센터 211호
전화 | 02-334-6123 전자우편 | crm@viabook.kr
홈페이지 | viabook.kr

ⓒ이다, 2025
ISBN 979-11-94348-32-0 03810

- 이 책은 저작권법에 따라 보호받는 저작물이므로 무단 전재와 복제를 금합니다.
- 이 책의 전부 혹은 일부를 이용하려면 저작권자와 비아북의 동의를 받아야 합니다.
- 잘못된 책은 구입하신 곳에서 바꿔드립니다.
- 본문에 사용된 종이는 한국건설생활환경시험연구원에서 인증받은, 인체에 해가 되지 않는 무형광 종이입니다. 동일 두께 대비 가벼워 편안한 독서 환경을 제공합니다.